Adolf Rosenberg

Die Erinyen

Ein Beitrag zur Religion und Kunst der Griechen

Adolf Rosenberg

Die Erinyen
Ein Beitrag zur Religion und Kunst der Griechen

ISBN/EAN: 9783743630772

Hergestellt in Europa, USA, Kanada, Australien, Japan

Cover: Foto ©Thomas Meinert / pixelio.de

Weitere Bücher finden Sie auf **www.hansebooks.com**

DIE ERINYEN.

EIN BEITRAG

ZUR

RELIGION UND KUNST DER GRIECHEN

VON

ADOLF ROSENBERG.

MIT ZWEI HOLZSCHNITTEN UND EINER TAFEL IN STEINDRUCK.

BERLIN, 1874.
GEBRÜDER BORNTRAEGER.
ED. EGGERS.

DIE ERINYEN.

> Der wahrhaft wissenschaftliche Geist kennt sehr viele Methoden, ohne sich einer einzigen zu überlassen; denn alles einzelne will Stück für Stück von neuem, mit einer immer besonders angepassten Geschmeidigkeit des Denkens untersucht sein
>
> *Herbart.*

Inhaltsübersicht.

Erster Abschnitt: Die Erinyen in der Dichtung . . S. 1—22.
    Bei Homer . . . . S. 1— 4.
    Bei Aeschylos . . . . S. 5—14.
    Bei Sophokles. . . . . S. 14—16.
    Bei Euripides . . . . S. 16—18.
    Bei den Späteren . . . . . . S. 18—22.

Zweiter Abschnitt: Ueber den Ursprung, den Namen und den Begriff der Erinyen.
    Ueber Demeter Erinys . . . . . S. 22—34.
    Genealogie . . . . S. 22—24.
    Demeter Erinys und ihre Sagen . S. 24—34.

Dritter Abschnitt: Der Cultus der Erinyen bei den Griechen . . . . S. 34—45.
    In Athen . . . . S. 34—38.
    In Kolonos . . . . S. 38—39.
    In Sikyon und Kerynea . . . . S. 40—41.
    In Megalopolis . . . . S. 41—42.
    Ueber das Verhältniss zwischen Erinyen, Eumeniden, Semnen . . S. 43—45.

Vierter Abschnitt: Die Kunstdenkmäler . . . . . S. 45—80.
    Der Sagenkreis des Orestes . . . S. 45—60.
    Meleagros . . . . S. 60—62.
    Oedipus . . . . S. 62—33.
    Medea . . . . S. 63—65.
    Lykurgos . . . . S. 65—68.
    Pentheus . . . . S. 68—69.
    Pelops . . . . S. 69—70.
    Kyknos, Amphiaraos, Gigant, Hippolytos . . . . S. 70—72.
    Die Erinyen in der Unterwelt . . S. 72—76.
    Die Erinyen ohne mythologische Beziehungen . . . . S. 76—78.
    Verwandte Dämonen . . . . . S. 78—80.

Fünfter Abschnitt: Schlussbetrachtung . . . . . S. 80—87.
    Zusätze . . . . S. 88.

Erster Abschnitt.

Die Erinyen in der Dichtung.

Schon Homer bietet uns ein fest umrissenes Bild von dem Walten der Rachegöttinnen. Sie werden durch Verwünschung und Fluch vom Vater oder der Mutter aus dem Hades herbeigerufen, um das Unrecht, welches der Sohn an den Eltern begangen, zu bestrafen. So ruft der Vater Amyntor die στυγεράς Ἐρινῦς gegen den Sohn herbei, der mit dem Kebsweibe des Vaters Beischlaf gepflogen hatte (Il. 9, 454), und raubt ihm durch seinen Fluch jede Hoffnung auf Nachkommenschaft. Denn die Götter (Ζεύς τε καταχθόνιος καὶ ἐπαινὴ Περσηφόνεια) erfüllen die Flüche der Eltern gegen die Söhne, welche die Pietät verletzt haben. — Althaea bittet die unterirdischen Götter, ihrem Sohne Meleager, der seinen Oheim getödtet, den Tod zu schicken: τῆς δ' ἔκλυεν ἐξ Ἐρέβεσφιν ἠεροφοῖτις[1] Ἐρινύς, ἀμείλιχον ἦτορ ἔχουσα (Il. 9, 571 f.). Dem unglücklichen Oedipus hinterliess die Mutter ἄλγεα πολλὰ μάλ', ὅσσα τε μητρὸς Ἐρινύες ἐκτελέουσιν (Od. 11, 279). — Der Sohn darf der Mutter auch nicht die geringste Kränkung widerfahren lassen. Desshalb wagt der fromme Telemach nicht die Mutter aus dem Hause zu treiben, weil er die στυγεράς Ἐρινῦς derselben fürchtet Od. 2, 134), und Ares, der wider Willen der Hera den Troern Hülfe bringt, besänftigt erst durch die Wunde, die ihm Athene

---

[1] Vgl. Eustath. zu dieser Stelle: ἠεροφοῖτις δὲ Ἐρινὺς ἡ ἀφανὴς καὶ ὡς ἐν σκότει ἐπιφοιτῶσα. Buttmann Lexil. I, 118. Nonn. Dion. VII, 151: ἐν ἠέρι φοιτὰς Ἐρινύς. Anth. Pal. VII, 745: ζόφιαι. — Ueber die richtige Schreibart des Wortes Ἐρινύς mit einem ν s. G. Hermann praef. II. zur Antigone.

schlägt, die Erinyen der Mutter [1]. — Auch dem älteren Bruder gehorchen die Erinyen, wenn er sie gegen einen jüngeren, der ihm widerstrebt, aussenden will (Il. 15, 204: πρεσβυτέροισιν Ἐρινύες αἰὲν ἕπονται).

Aber nicht bloss die Rechte der Blutsverwandten werden von den Rachegöttinnen gewahrt, sie schützen auch den Fremdling und den hülflosen Bettler (Od. 14, 475). Danach erdichtete Apollonios von Rhodos Arg. IV, 1043 eine Ἐρινὺς ἱκεσία und IV, 709 einen Ζῆνα παλαμναίων τιμήορον ἱκεσιάων d. h. der Erinyen [2]. Jamblichos (de vit. Pyth. 3) erzählt, dass Epimenides, als er einst auf einer Reise von Räubern angefallen wurde, die Erinyen als die Beschützerinnen der Fremdlinge angerufen und mit ihrer Hülfe die Räuber abgewehrt habe [3]. In späteren Zeiten wurde der Gedanke, dass die Erinyen sich aller Hülflosen annähmen, verallgemeinert, und man glaubte, dass jedes auch noch so unscheinbare Wesen eine Erinys besitze, die seine Rechte wahre. Daher das Sprichwort (Leutsch und Schneidewin, Corp. Paroemiogr. Gr. App. II, 20): εἰσὶ καὶ κυνῶν Ἐρινύες· παρρεγγύα μηδὲ τῶν μικρῶν καταφρονεῖν [4].

Wir kehren zu Homer zurück. Dem von Neleus gefangenen Sänger (Od. 15, 234) und für Agamemnon, als er die geliebte Briseïs dem Achilleus entriss (Il. 19, 87), war die Erinys die Urheberin der Ate. Da ferner die Erinyen den unterirdischen Gottheiten beigezählt werden, schwört Agamemnon bei ihnen, dass er niemals die Briseïs berührt habe (Il. 19, 258 ff.).

---

[1] Il. 21, 412. Vgl. dazu Eustathius: Ἐρινύας μητρὸς λέγει τὰς μητρικὰς ἀράς, ὑφ' ὧν Ἐρινύες ἐρεθίζονται κατὰ φαύλου παιδός.

[2] Vgl. Brunck: „Varias significationes habet nomen παλαμναῖος et primo quidem est φονεὺς ὁ αὐτοχειρίᾳ τινὰ ἀνελὼν ὁ ἐναγόμενος μιάσματι οἰκείῳ. Tum παλαμναῖοι dicuntur furiae, quae homicidas exagitant, a caesorum manibus inmitti creditae veteribus, ut in istis Cyri verbis apud Xenoph. Cyrop. p. 655: τὰς δὲ τῶν ἄδικα παθόντων ψυχὰς οὔπω κατενοήσατε οἵους μὲν φόβους τοῖς μιαιφόνοις ἐμβάλλουσιν; οἵους δὲ παλαμναίους τοῖς δυσσίοις ἐπιπέμπουσι; Jupiter ipse Παλαμναῖος dicitur ὁ τοὺς φονέας τιμωρούμενος." Vgl. auch Clem. Alex. Protrept. II, 26.

[3] Vgl. Eurip. Hecabe, welche V. 708 fragt: ποῦ δίκα ξένων; wozu der Scholiast bemerkt: ποῦ ἐστιν ἡ Δίκη, τῶν ξένων ἤγουν ἡ τούτους ἐφορῶσα θεὸς καὶ τιμωρουμένη τοὺς αὐτοὺς ἀποκτείναντας.

[4] Anth. Pal. XI, 127. Pollianos: Εἰσὶ καὶ ἐν Μούσαισιν Ἐρινύες, αἵ σε ποιοῦσι ποιητὴν ἀνθ' ὧν πολλὰ γράφεις ἀκρίτως.

Dass die Meineidigen der Strafe der Furien anheimfallen, versichert auch Hesiod (Opp. 803), indem er hinzufügt, die Menschen sollten sich besonders vor dem fünften Tage eines jeden Monats hüten: ἐν πέμπτῃ γάρ φασιν Ἐρινύας ἀμφιπολεύειν, ὅρκον τινυμένας, τὸν Ἔρις τέκε πῆμ' ἐπιόρκοις[1]. Homer thut noch an zwei Stellen der Erinyen in einer Thätigkeit Erwähnung, die ihrem Wesen nicht zu entsprechen scheint. „Die Töchter des Pandareos, so erzählt er Od. 20, 66—78, wurden von der Aphrodite, der Hera, der Artemis und der Athene mit allerlei Gaben, welche nach den Begriffen des damaligen Zeitalters ein Weib begehrenswerth machten, — Schönheit, Jugend, Kunstfertigkeit — ausgestattet. Als darauf Aphrodite den Zeus (ὁ γάρ τ' εὖ οἶδεν ἅπαντα, μοῖραν τ' ἀμμορίην τε καταθνητῶν ἀνθρώπων) bat, er möchte den Jungfrauen eine glückliche Ehe (τέλος θαλεροῖο γάμοιο) gewähren, wurden diese von den Harpyien geraubt und den grausen Erinyen übergeben (στυγερῇσιν Ἐρινύσιν ἀμφιπολεύειν)."

Im elften Gesange der Ilias erzählt er V. 418, dass das Ross Xanthos, welches seinem Herren Achilleus den Tod weissagte, von den Erinyen verhindert wurde, weiter zu reden. Zu diesem Verse sagt das Scholion: Ἐρινύες ἐπίσκοποί εἰσι τῶν παρὰ φύσιν. Hier ist der Schlüssel für diese beiden seltsamen Erzählungen. Es wäre wider die Natur des menschlichen Geschlechtes gewesen, ein immerwährendes Glück, eine vollkommene Glückseligkeit zu geniessen. Es ragt hier wie eine Mahnung aus uralter Zeit die düstre Sage von dem Neide der Götter in den Sonnenschein des Lebens hinein.

> „Es fürchte die Götter
> Das Menschengeschlecht!
> Der fürchte sie doppelt
> Den je sie erheben!"

Mehr noch widerstreitet es den ewigen Gesetzen der Natur, dass Thiere in menschlicher Sprache reden.

Ich habe absichtlich bei dieser Betrachtung keine Rücksicht auf die Verschiedenartigkeit der einzelnen Partien im

---

[1] Schol. ὅτι μὲν πεμπτὰς Δίκης ἐστὶν ἀριθμὸς καὶ τῶν Πυθαγορέων ἠκούσαμεν λεγόντων. Vgl. Orph. Arg. 354, wo die Erinyen als Rächerinnen des Meineids αἰνοδότειραι heissen.

Homer, in denen sich die Erinyen erwähnt finden, genommen, da uns von Homer abwärts bis Aeschylos keine Notizen[1] über die Erinyen aufbehalten sind, die homerischen Gedichte aber zur Zeit des Aeschylos entschieden bereits in der Gestalt fixirt waren, in der sie uns vorliegen.

Es sind an dieser Stelle noch einige zerstreute Aeusserungen von Philosophen anzuführen, die ihre Quelle im Homer zu haben scheinen. Wenn Pythagoras (bei Diog. Laert. VIII, 31. Preller u. Ritter hist. philos. gr. no. 123) sagt, dass die Seelen der Gottlosen in der Unterwelt von den Erinyen mit unzerreissbaren Fesseln gebunden würden, so ist dies nur eine Erweiterung des homerischen Glaubens, nach dem die Meineidigen im Tartaros von den Erinyen bestraft werden (Il. 19, 258 f.)[2]. Noch in engerer Beziehung zu Homer steht jenes Wort des Heraklit (bei Plutarch de exil. 11, vgl. de Js. 48. Preller u. Ritter no. 44): Ἥλιος οὐχ ὑπερβήσεται τὰ μέτρα, εἰ δέ μὴ Ἐρινύες μιν Δίκης ἐπίκουροι ἐξευρήσουσιν, was sich auf die Unverletzlichkeit der Naturgesetze wie bei Homer an den angeführten Stellen bezieht. In dieselbe Kategorie gehört die gesetzliche Bestimmung der Athener, die uns Hesychius s. v. δευτερόποτμος überliefert. Danach durfte kein scheintodt Gewesener das Erinyenheiligthum am Areopag betreten. Als Gewährsmann dafür wird von dem Lexikographen der Perieget Polemon angeführt.

Bei Homer also sind die Erinyen die hehren Wächterinnen der Naturgesetze; nicht bloss über die Menschen, welche die natürliche Pflicht der Pietät verletzen, sondern auch über die Götter erstreckt sich ihre Macht. Sie sind die Vertreterinnen des Naturrechts gegenüber den Eingriffen einer willkürlichen Brutalität. Das ist ihre ursprüngliche Bedeutung in einer Ausdehnung, die allerdings später, wie wir sehen werden, auf bestimmte Funktionen eingeschränkt wurde. Sie sind ihrem

---

[1] Doch vgl. Schol. Eur. Or. 268: Στησιχόρῳ δὲ ἑπόμενος τόξα φησὶν αὐτὸν (Orestes) εἰληφέναι παρὰ Ἀπόλλωνος, woraus man mit Recht geschlossen hat, dass Orestes den Bogen erhalten habe, um sich gegen die Furien zu vertheidigen.

[2] Jenes Wort des Pythagoras (Porphyr. de vit. Pyth. 42): ἀποδημῶν τῆς οἰκίας μὴ ἐπιστρέφου. Ἐρινύες γὰρ μετέρχονται scheint aus Hes. Opp. 803 geflossen zu sein.

allgemeinen Wesen nach mit den Mören verwandt, und dies deutet auch Aeschylos an, wenn er Prometh. 517 f. auf die Frage: τίς οὖν ἀνάγκης ἐστὶν οἰακόστροφος; die Antwort geben lässt: Μοῖραι τρίμορφοι μνήμονες τ' Ἐρινύες. Der grosse Dichter hat uns in seiner Eumenidentragödie ein vollständiges Bild von dem furchtbaren Walten der Göttinnen gegeben[1]. Er nennt sie die Töchter der Nacht und die Schwestern der Mören. Sie erfüllen die Flüche (τελοῦσι Sept. 772. ἐπικραίνουσι ebend. 863[2] ἀράς[3]), welche die in ihren Rechten gekränkten Menschen ausstossen, „wenn Jemand von den Sterblichen sich gegen einen Gott oder einen Fremdling oder gegen die lieben Eltern gottlosen Sinns vergangen hat. (Eum. 266)." So Sept. 70: Ἀρά τ' Ἐρινὺς πατρὸς ἡ μεγασθενής, wo der Fluch zur Gottheit geworden ist; ebd. 703: κακόμαντις πατρὸς εὐκταῖα Ἐρινύς; Eum. 409 sagen die Furien selbst, dass sie in der Unterwelt Flüche genannt werden[4].

Auch ohne Fluch erheben sich aus dem Blute der Getödteten die Erinyen und rächen längst begangene Verbrechen: ἐκ δ' αἱμάτων παλαιτέρων τίνει μύσος χρόνῳ κλυτὰ βυσσόφρων[5] Ἐρινύς Choe. 636. — Ag. 1395 rechtfertigt Klytaemnestra die Ermordung des Agamemnon dadurch, dass sie vorgiebt, sie hätte ihn der Ate und der Erinys ihrer gleichfalls geopferten Tochter zum Sühnopfer gebracht, und demzufolge nennt Aigisthos ebd. 1548 jenes Kettengewand, welches dem Agamemnon im Bade umgeworfen wurde, ὑφαντοὺς πέπλους Ἐρινύων. — Die Furien, die gegen die Frevler angerufen sind, verwalten das

---

1) Vgl. zu diesem Abschnitt Klausen Theologumena Aeschyli p. 48. 56.
2) Vgl. das Fragment der Thebaïs bei Athen. XI. p. 465: αἶψα δὲ παισὶν ἑοῖσι μετ' ἀμφοτέροισιν ἐπαρὰς ἀργαλέας ἠρᾶτο (Oedipus), θεὸν δ' οὐ λάνθαν' Ἐρινύν.
3) Ueber die Flüche s. Klausen a. a. O. p. 48. Welcker gr. Götterl. III. S. 81 f. Nitzsch Anm. zur Odyss. III. S. 183 f.
4) C. F. Hermann Gott. Alt. §. 22, 3, 4: „Directe Flüche, welche als Rache oder Strafe ausgesprochen wurden, scheinen gewöhnlich an die unterirdischen Gottheiten gerichtet worden zu sein, bei welchen man sich die Erinyen wohnend dachte."
5) Schütz erklärt dieses Wort: profunda mentis altitudine pollens; ich sehe darin nur ein verstärktes μνήμων. Zur Sache vgl. auch noch Choeph. 281: ἄλλας τ' ἐφώνει προσβολὰς Ἐρινύων ἐκ τῶν πατρῴων αἱμάτων τελουμένας.

ihnen von den Mören übergebene Amt (Eum. 332) auf folgende Weise. Diejenigen, welche Blutsverwandte getödtet haben Eum. 644, vertreiben sie aus ihrem Hause Choe. 1047. 1058. Eum. 413, nur den Mördern allein erscheinend, nicht denen, die an dem Verbrechen keinen Theil haben: Choe. 1048. 1053. 1061. Allmälich wächst ihre Zahl vor den Augen des Verruchten Choe. 1054, den Flüchtigen spüren sie auf (πρὸς αἷμα καὶ σταλαγμὸν ἐκματεύομεν Eum. 246), ohne ihre Verfolgung jemals zu unterbrechen, Eum. 140. Deshalb werden sie auch μνήμονες genannt. Sie machen Jagd auf den Frevler Eum. 230, wie die Hunde auf den Hirsch 244 [1]). Ueber das Meer und die ganze Erde geht die wilde Jagd 248, und schauerlich tönt dazu in den Ohren des Verfolgten der seinen Sinn mit verderblichem Wahnsinne umstrickende Gesang der Erinyen [2]), welcher auch dem stärksten Manne die Kniee erbeben macht Eum. 352 [3]). Den Ruhm und die Ehre der Männer, die bei den Menschen in Ansehen stehen, verkleinern sie durch heimliche Angriffe Eum. 365. Ag. 441. Keine Macht der Erde kann denjenigen retten, den die Furien einmal überfallen haben Ag. 446, nicht einmal die der Götter Eum. 296. — Ist ihr Opfer erreicht, dann saugen sie ihm das Blut aus Eum. 261. 299. 183; sie schleppen ihn lebendig in den Tartaros Eum. 264. 336, und übergeben ihn dem Pluton zur gerechten Bestrafung Eum. 265. 270. Wer aber von Schuld und Fehle frei ist, dem droht ihr Zorn nicht Eum. 310. — Nicht auf den Verbrecher allein, auf sein ganzes Geschlecht

---

1) Sie heissen selbst Hunde Choe. 912. Choe. 1051: μητρὸς ἔγκοτοι κύνες; vgl. Lucan. Phars. VI, 733: Stygiae canes.

2) Eum. 303. 326. Agam. 1150: ὑμνοῦσι δ' ὕμνον Ἐρινύων προτίμεναι. Eum.: ἐπὶ δὲ τῷ τεθυμένῳ τόδε μέλος παρακοπά, παραφορά φρενοδαλής, ὕμνος ἐξ Ἐρινύων, δέσμιος φρενῶν, ἀφόρμικτος, αὐονὰ βροτοῖς. Zum Wahnsinn vgl. Choe. 254. 1022. Eum. 369.

3) Anders ist das Epitheton der Furie καμψίπους Sept. 722 zu verstehen, welches Schütz mit pedes mobilis erklärt und der Scholiast im Cod. Guelf. ἡ κεκλιμένους ἔχουσα πόδας πρὸς τὸ ταχέως παραγίνεσθαι ὅπου ἂν ἐθέλῃ. Falsch also Hesychius: καμπεσίγουνος, ἡ Ἐρινὺς ἀπὸ τοῦ κάμπτειν τὰ γόνατα τῶν ἁμαρτανόντων; vgl. G. Hermann zu Sept. 772. — Ueberdies sind redende Zeugnisse die schwarzfigurigen Vasenbilder, z. B. die Ker auf den Henkeln der Françoisvase, und die Figur (eine Furie?, auf einer Münze abgebildet Annali dell' Inst. Arch. 1840. Tav. d'Agg. P. 1.

erstreckt sich die grause Macht der Erinyen Eum. 921. Sept. 701 ('Ερινὺς ὠλεσίοικος): sein Haus wird von ihnen beständig umlagert Ag. 1147 f. Die Worte Schillers:

„Das eben ist der Fluch der bösen That,
Dass sie fortzeugend Böses muss gebären"

hat schon Aeschylos Ag. 728 ebenso gewichtig ausgesprochen: τὸ δυσσεβὲς γὰρ ἔργον μετὰ μὲν πλείονα τίκτει[1]). — Die Verbrechen, welche von den Erinyen bestraft werden, zählt Aeschylos Eum. 266 ff. auf. Wenn Jemand einen Gott durch Ruchlosigkeit beleidigt hat, verfällt er der Rache der Furien. Ebenso wird die Verletzung des Gastrechts von ihnen geahndet, wofür Paris als warnendes Beispiel dient Ag. 347 f. 382 f. 375 f. Das schwerste Verbrechen aber begeht der Sohn, der es an der schuldigen Ehrfurcht gegen die Eltern fehlen lässt wie die Söhne des Oedipus, oder gar die Hand gegen sie zum tödtlichen Schlage erhebt wie der unselige Orestes, der, um den Erinyen des Vaters zu entgehen[2]), den „wütthenden Hunden der Mutter"[3]) entgegenstürzt. — Doch auch die Kinder, die von den Eltern in ihren Rechten beeinträchtigt werden, haben ihre Erinyen: sie ruft Klytaemnestra gegen den Agamemnon herauf, um den Tod der Iphigenie zu rächen Ag. 1394. 1491.

Die Kinder der schrecklichen Nacht[4]) haben keine Gemeinschaft mit Göttern, Menschen oder Thieren. Noch hat kein Land dieses schreckliche Geschlecht jemals ohne Schaden gastfreundlich aufgenommen Eum. 58. Sie wohnen unter der Erde im scheusslichen Nebel des Tartaros Eum. 118. 386, den Menschen und den olympischen Göttern gleich verhasst Eum. 76 f. 402, am meisten aber dem Apollon, dem heiteren Gotte des Lichtes, der sie hingehen heisst, οὗ καρανιστῆρες ὀφθαλμω-

---

1) Ag. 143. 733. 1078. 1532. 1569. Choe. 395: ἀλλὰ νόμος μὲν φονίας σταγόνας χυμένας ἐς πέδον ἄλλο προσαιτεῖν αἷμα. βοᾷ γὰρ λοιγὸς Ἐρινὺν παρὰ τῶν πρότερον φθιμένων ἄτην ἑτέραν ἐπάγουσαν ἐπ' ἄτῃ. 571. 636. 678. Sept. 720. 812. 924. 1040: μεγάλαυχοι καὶ φθερσιγενεῖς Κῆρες Ἐρινύες.
2) Choe. 275—281.
3) Choe. 912. ΚΛΥ. Ὅρα φύλαξαι μητρὸς ἐγκότους κύνας. ΟΡ. τὰς τοῦ πατρὸς δὲ πῶς φύγω, παρεὶς τάδε;
4) Eum. 319. 408. 737. 814. 833. κόραι κατάπτυστοι, Νυκτὸς παλαιαὶ παῖδες 72. Νυκτὸς nach der Verbesserung von Valckenaer. Die Codd. haben γραῖαι, wozu Schol. Med. πολιαὶ γάρ.

ρυχοί δίκαι, σφαγαί τε σπέρματός τ' ἀποφθοραί, παίδων τε γλουνις, ἠδ' ἀκρωνία κακοῦ, λευσμόν τε καὶ μύζουσιν οἰκτισμὸν πολὺν ὑπὸ ῥάχιν παγέντες Eum. 185—189. Sie geniessen keine Ehre weder bei den jüngeren Göttern, noch bei den älteren Eum. 713. Ihre uralte Befugniss ist von Zeus sehr geschmälert worden: seinen Befehlen müssen sie sich unterwerfen [1]. Von den olympischen Göttern (genannt sind Zeus, Apollon, Pan) werden die Erinyen gegen die Frevler ausgesendet Ag. 55 f. Choe. 377. Aber Niemanden greift die μελαναιγὶς Ἐρινύς an, von dem die Götter Opfer angenommen haben Sept. 680.

Den Fluch [2], welchen die Erinyen in der Eumenidentragödie im Schmerz über die geschmälerten Ehren gegen das attische Land ausstossen, macht Athene wirkungslos und bittet die erzürnten Göttinnen unter Versprechung anderer Ehrenbezeigungen [3] von ihrem Zorne abzulassen und den Fluch in Segen zu verwandeln. Und in der That werden jene δυςπαρήγοροι Eum. 376, βροτοσκόποι μαινάδες 493, δυςάρεστοι 915, ἀγρίως ἀπαντηνάμεναι 957 besänftigt, und ihr Groll schwindet. Ja statt des ὕμνος δέσμιος φρενός singen sie ein Lied des Segens 889. Dagegen verspricht ihnen Athene, dass ohne ihr Wohlwollen kein Haus in Attika blühen solle Eum. 882. Es folgt darauf in der aeschyleischen Tragödie jenes Gebet der Erinyen, in welchem sie von den Göttern Fruchtbarkeit der Gefilde, Erhaltung der männlichen Nachkommenschaft und Eintracht der Bürger für die Bewohner des Landes herabflehen. Dass dieses Gebet Erhörung finden werde [4], versichert Athene:

---

[1] Deshalb verstummen sie auch, wenn Apollon im Streit mit ihnen die Autorität des Zeus anruft. Eum. 610. 631. 643. 711.

[2] Eum. 799: ἐγὼ δ' ἄτιμος ἡ τάλαινα, βαρύκοτος ἐν γᾷ τᾷδε, φεῦ ἰὸν ἰὸν ἀντιπενθῆ μεθεῖσα καρδίας σταλαγμὸν χθόνιον ἄφορον ἐκ δὲ τοῦ λειχὴν ἄφυλλος, ἄτεκνος πέδον ἐπισύμενος βροτοφθόρους κηλῖδας ἐν χώρᾳ βαλεῖ.

[3] Eum. 793. 819: Athene spricht: σεμνότιμος καὶ ξυνοικήτωρ ἐμοὶ πολλῆς δὲ χώρας τῆς δ' ἐτ' ἀκροθίνια θύη πρὸ παίδων καὶ γαμηλίου τέλους ἔχουσ' ἐς ἀεὶ τὸν δ' ἐπαινέσεις λόγον. Ueber den Cultus der Eumeniden zu Athen s. Abschn. III.

[4] Auf Grund dieser Stelle besonders hat man die Erinyen zu Göttinnen der Fruchtbarkeit gestempelt, um ihre Identität mit Demeter zu erweisen Wie verkehrt dies ist, lehrt V. 947, wo die Erinyen von den Mören die Erfüllung ihrer Wünsche erbitten, und V. 936, wo Athene ausdrücklich erklärt, dass die Segenswünsche der Erinyen bestimmt in

denn, sagt sie, μέγα δύναται πότνι' Ἐρινὺς παρά τ' ἀθανάτοις
τοῖς θ' ὑπὸ γαῖαν, περί τ' ἀνθρώπων φανερῶς τελέως διαπράσσουσαν
τοῖς μὲν ἀοιδάς, τοῖς δ' αὖ δακρύων βίον ἀμβλωτὸν παρέχουσαι
Eum. 937. Schon bei Aeschylos findet sich die Erinys als Urheberin
aller unheilvollen Dinge, die dem Menschen begegnen. So
nennt er Sept. 555 den Tydeus Ἐρινύος κλητῆρα; so spricht
er Ag. 623 von einem „Päan" und eb. 958 von einem „Thre-
nos der Erinyen" zur Bezeichnung einer unglückbringenden
Botschaft. Man wird diese Gedankenverbindung am richtig-
sten als poetische Hyperbel auffassen. Da man glaubte,
dass die Erinyen alles erdenkliche Unheil über den, der ihrer
Strafe verfallen ist, herabsenden, ging man einen Schritt
weiter und schrieb in Folge der sündhaften Natur des Menschen jedes Unglück, das ihn traf, den Erinyen zu als Strafe
für ein bewusst oder unbewusst begangenes Verbrechen. Man
verband weiter damit den Begriff des Verderbens überhaupt
und nannte schliesslich alles Verderbenbringende eine Schickung
der Erinys. Denn es liegt zu tief in der menschlichen Natur
begründet, die Ursache alles Unheils nicht in der inneren
Beschaffenheit des Menschen selbst, sondern auswärts in der
Ungunst irgendwelcher Dämonen zu suchen. Alle Götter sind
Producte menschlicher Phantasie und menschlichen Begehrens.
Hinter Donner und Blitz, hinter Regen und Sonnenschein er-
kannte der aufgeregte Geist, die schöpferische Phantasie eine
Gottheit; die menschliche Bequemlichkeit erfand sich Dämonen, denen sie alle Vergehen und alles Unglück, allen Jammer,
der die Menschen heimsuchte, zuschreiben konnte. Vergebens
suchte die christliche Religion diesen Aberglauben aus den
Herzen der Menschen heraus zu treiben [1]. Die uralte Gewohn-
heit spottete dieser Bemühungen; man änderte nur die Perso-

Erfüllung gehen würden, weil diese bei den Göttern viel vermöchten!
vgl. G. Hermann Opusc. VI, 2. 206 f.

[1] Schon Maximus von Tyros klagt diss. 19, 9 p. 376: ἔοικε δὲ καὶ
ταυτὶ τὰ ὀνόματα εἶναι μοχθηρίας ἀνθρωπίνης εὔσημοι ἀποστροφαί, ἀναθέντων
αὐτῆς τὴν αἰτίαν τῷ δαιμονίῳ καὶ ταῖς Μοίραις καὶ ταῖς Ἐρινύσιν. ἡ δὲ Ἐρινὺς
καὶ ἡ Αἶσα καὶ οἱ δαίμονες καὶ ὅσα ἄλλα εἱμαρμένης ὀνόματα ἔνδον ἐν τῇ ψυχῇ
καθειργμένα ... ταῦτα καὶ τὸν Θυέστην ὠθεῖ ἐπὶ τὸν τοῦ ἀδελφοῦ γάμον,
ταῦτα δὲ τὸν Οἰδίποδα ἐπὶ τὸν τοῦ πατρὸς φόνον.

nen. Was man früher von verderblichen Dämonen ableitete, dafür findet man jetzt die Ursache in Gott selbst, der je nach Verdienst und Würdigkeit Segen oder Unsegen über die Menschen ausschüttet! — So banal diese Worte auch klingen mögen, es kommt hier nur darauf an, an diesem scheinbar kleinen Zuge das Fortwirken solcher Ideen durch alle Zeiten nachzuweisen und schon jetzt den Boden zu bereiten, von dem aus unsere mythologische Begründung des Begriffs der Erinys später ausgehen wird.

Wenn nun Aeschylos Ag. 721 die Helena eine νυμφόκλαυτος Ἐρινὺς nennt, so hat diese Benennung ihren Grund in dem Verderben, das Helena über viele Männer gebracht hat[1].

Es bleibt uns noch übrig, einigermaassen die Gestalt zu bestimmen, in der Aeschylos seine Erinyen auf die Bühne gebracht hat[2].

Da er zuerst von allen Dichtern Furien in einem Drama handelnd aufgeführt hat, musste er ein Bild derselben erst schaffen. Muster hatte er nicht, an die er sich halten konnte. Denn mit Ausnahme jener athenischen mit Purpurgewändern behängten Xoana, die wir uns nach Analogie anderer im primitivsten Zustand denken müssen, gab es keine Bilder der Furien. Erinyen auf schwarzfigurigen Vasen, die also der Zeit nach vor Aeschylos liegen könnten, haben sich bis jetzt nicht gefunden und werden sich auch schwerlich finden. Denn die Tragödie des Aeschylos hat erst die Erinyen so populär gemacht, dass man sie und ihren Mythenkreis zu bildlichen Darstellungen auf Gefässen verwendete.

Bevor aber die Eumeniden geistiges Gemeingut des Volks wurden, hatte sich der schwarzfigurige Vasenstyl bereits ausgelebt.

Die Statue des Kalamis am Erinyenheiligthum zu Athen kann Aeschylos bereits gesehen haben: die Aufführung der Orestie fand nämlich Ol. 80, 2 statt, die Thätigkeit des Ka-

---

[1] Vgl. Kampe Erinyes p. 35: ab hoc perniciei significatu est profectum, ut etiam mortalium, qui praeter ceteros Furiam excitavissent, Erinyum nomine distinguerentur. Vgl. Eur. Andr. 103. Troi. 459. Ennii frg. VII. R. Lacedaemonia mulier, Furiarum una. Verg. Aen. II, 575.

[2] Vgl. C. A. Böttiger, Die Furienmaske u. s. w. S. 13 ff. S. 112 ff.

lamis scheint aber um Ol. 80 bereits ihr Ende erreicht zu haben. Jedenfalls entsprach jenes Bild nicht dem Zwecke des Dichters, da es nach Paus. I, 28, 6 nichts Furchtbares an sich hatte.

Dass Aeschylos etwas Neues und bis dahin nie Gesehenes auf die Bühne brachte, erhellt sowohl aus den Worten der Pythia Eum. 59, als auch aus dem Bericht des Verfassers der Vita des Aeschylos, welcher erzählt, dass schwangere Frauen vor Schreck über den fürchterlichen Anblick zur unrechten Zeit geboren hätten. Natürlich ist dies eine Uebertreibung, die aber eben daher entstanden ist, dass Aeschylos seinen Zuschauern etwas durchaus Neues bot.

Zum Vorbilde für seine Erinyen wählte sich Aeschylos die Gorgonen[1], wie die Worte des Orestes (Choe. 1045) Γοργόνων δίκην und der Pythia Eum. 49 bezeugen. Von den Gorgonen entlehnte er die dunklen Gewänder[2] und die in die Haare geflochtenen Schlangen[3]. Was er von den Harpyien entnahm, geht aus seinen Worten nicht direct hervor. Doch wird man nicht fehl gehen, wenn man annimmt, dass jene Aehnlichkeit sich auf die mit langen Krallen versehenen Finger der Harpyien beschränkt, was vortrefflich zum ganzen Character der aeschyleischen Erinyen passt. (Vgl. Nonn. Dion. 44, 271). Auch das aus den Augen der Furien triefende Blut lässt sich von den Gorgonen ableiten. Zweifelhafter ist, ob die Erinyen auch die plattgedrückte Nase, den weit geöffneten Mund, die ausgestreckte Zunge und die hervorstehenden Eberzähne der Gorgonen, wie sie uns in den ältesten Masken begegnen, gehabt haben (Wieseler Coniect. in Aesch. Eum. p. 140. Müller Eum. S. 185).

Dagegen unterscheiden sie sich von den Gorgonen dadurch, dass sie keine Flügel haben[4], dass die Farbe

---

[1] Vgl. Prom. 799: πέλας δ' ἀδελφαὶ τῶνδε τρεῖς κατάπτεροι δρακοντόμαλλοι Γόργονες βροτοστυγεῖς.
[2] Choe. 1046. Eum. 348. 367.
[3] Paus. I, 28, 6: πρῶτος δέ σφισιν (den Erinyen) Αἰσχύλος δράκοντας ἐποίησεν ὁμοῦ ταῖς ἐν τῇ κεφαλῇ θριξὶν εἶναι. [Daher die Notiz bei Ps. Apul. de Orthogr. p. 5].
[4] Eum. 53. 249. Müller Eum. S. 185: „Die Flügel passen deswegen nicht zu Aeschylos Idee, weil ihm beständig das Bild von Jägerinnen und

ihrer Haut **schwarz ist**[1]), und dass sie Blut und Feuer speien. Eum. 140.

Weiteres lässt sich aus den Worten des Aeschylos über das Aussehen der Erinyen nicht beibringen. Doch kann man aus anderen Notizen ohne Zwang ihr Costüm vervollständigen. Die dunklen Gewänder waren bis auf die Füsse reichende Chitone, um die Brust mit einem rothen Gürtel gegürtet[2]). Ihre Füsse waren mit Jagdeothurnen bekleidet[3]). Ihre Gestalt war lang und hager, um die Schnelligkeit ihrer Bewegung zu vergrössern[4]). Von Aeschylos selbst werden sie Greisinnen genannt. Eum. 71. 1015[5]).

Ueber den Gegenstand, den die Erinyen des Aeschylos in den Händen trugen, sind die Meinungen getheilt. Die meisten

---

von Jagdhunden, die ihr Wild in alle Schlupfwinkel verfolgen, vor Augen steht."

[1] Die Worte Eum. 54: μέλαιναι δ' ἐς τὸ πᾶν erkläre ich: im Gegensatze zu den Gorgonen, die nur mit einem schwarzen *Gewande* bekleidet sind. — Vgl. Eur. Or. 321: μελάγχρωτες; 408: νυκτὶ προςφερεῖς κόρας; El. 1345: χρῶτα κελαιναί. — Die Furien werden schwarz genannt: Aesch. Sept. 956. 972. Ag. 411. Ovid. Her. 11, 103: Ferte faces in me, quas ferte Erinyes atrae. Diese Stellen sind nicht mit Nothwendigkeit auf die schwarze Hautfarbe zu beziehen. Dagegen Hymn. Orph. 70, 6: κυανόχρωτοι und Statius Theb. 1, 597, der ihre „ferruginea frons" erwähnt. Bei den Töchtern der Nacht, die unter der Erde wohnen, erscheint die schwarze Hautfarbe ganz natürlich.

[2] Strabo III. p. 175 C. D.: τὰς δ' ἄλλας (die Cassiterideninseln) οἰκοῦσιν ἄνθρωποι μελάγχλαινοι, ποδήρεις ἐνδεδυκότες χιτῶνας, ἐζωσμένοι περὶ τὰ στέρνα, μετὰ ῥάβδων περιπατοῦντες, ὅμοιοι ταῖς τραγικαῖς Ποιναῖς. Lycophr. 1131 ff. sagt Kassandra von einer Sitte der Daunier: κοῦραι δὲ παρθένειον ἐκφυγεῖν ζυγὸν ὅταν θέλουσι, νυμφίους ἀρνούμεναι, . . ἐμὸν περιπτύζουσιν ὠλέναις βρέτας . . Ἐρινύων ἐσθῆτα καὶ ῥέθους βαφὰς πεπαμέναι θρόνοισι φαρμακτηρίοις κελαιναῖς ἐγὼ ὀγγαιὸν ἄφθιτος θεὰ ῥαβδηφόροις γυναιξὶν αὐδηθήσομαι. Dazu Tzetzes: αἱ δὲ τῶν Δαυνίων γυναῖκες μέλαιναν ἐσθῆτα φοροῦσι καὶ τὰς ὄψεις βάπτονται πυρρῷ χρώματι, ὥς φησι Τίμαιος, ταινίαις δὲ πλατείαις εἰσὶν ὑπεζωσμέναι, ὑποδεδεμέναι τὰ κοῖλα ὑποδήματα καὶ ῥάβδον κατέχουσαι. Diog. Laert. VI, 9. Suid. s. v. φαιός.

[3] Diog. Laert.: ἐμβατὰς τραγικούς. Timaeus: κοῖλα ὑποδήματα.

[4] Plut. Dion 55: γυναῖκα μεγάλην στολῇ μὲν καὶ προςώπῳ μηδὲν Ἐρινύος τραγικῆς παραλλάττουσαν. Achill. Tat. 1, 3, 4: γυνὴ φοβερὰ καὶ μεγάλη τὸ πρόςωπον ἀγρία, ὀφθαλμοὺς ἐν αἵματι, βλοσυραὶ παρειαί, ὄφεις αἱ κόμαι ἅρπην ἐκράτει τῇ δεξιᾷ, δᾷδα τῇ λαιᾷ.

[5] Νυκτὸς παῖδες ἄπαιδες „non dicuntur Furiae, quod prole carent, sed intelleguntur grandaevae." Herm.

Gelehrten[1]) folgten der Meinung Böttigers, welcher auf Grund der Seite 12 Anmerkung 2 beigebrachten Zeugnisse den Furien Stäbe zuschrieb, mit dem grössten Recht, wie ich glaube. Wieseler dagegen (Adnot. ad Eum. p. 16. 183 s. 212 s.) liest aus drei Stellen der Eumeniden (V. 1004. 1011. 1021) heraus, dass sie brennende Fackeln getragen hätten. Doch wird offenbar in jenen Versen nur von den Fackeln der Πρόπομποι, der Geleitsmänner gesprochen, welche den Furien vorangehen, um ihnen den Weg in ihr unterirdisches Heiligthum zu zeigen und zu dem Behufe auf Befehl der Athene Fackeln anzünden. Würde denn Aeschylos, wenn seine Erinyen wirklich Fackeln getragen hätten, dieses Umstandes niemals Erwähnung gethan haben? Wie konnten ferner die Furien, deren Körperbewegungen, wie aus den Chorliedern hervorgeht, bisweilen sehr heftig gewesen sein müssen, die Fackeln beständig brennend erhalten, besonders da sie nie die Orchestra verliessen? Dazu kommen noch practische Rücksichten, welche die Anwendung von brennenden Fackeln, besonders bei Chortänzen, verbieten. Endlich würden auch die Fackeln zu der Vorstellung von den Jägerinnen, die, wie wir oben sahen, dem Aeschylos vorschwebte, ebensowenig als die Flügel gepasst haben. Auch auf einem Vasenbild (Petersburg No. 349. s. unten Abschn. 4. No. 11.), das sich ziemlich eng an den Prolog der Eumeniden anschliesst, sind die Furien mit langen Stäben versehen.

Wenn endlich Wieseler das Zeugniss eines Scholiasten zum Plutos des Aristophanes[2]) anführt, so ist darauf nichts zu geben. In der Zeit, als jener Scholiast schrieb, mag man vielleicht nach dem Vorgange anderer Dichter, um den Effect

---

[1]) Hermann de choro Eum., Schwenck praef. ad Eum. p. VIII. Müller Eum. S. 185. Boeckh, trag. princ. p. 44.

[2]) Chremylos sagt V. 423 zur Penia: σὺ δ' εἶ τίς; ἀχρὰ μὲν γὰρ εἶναί μοι δοκεῖς. ΒΛΕΨ. Ἴσως Ἐρινύς ἐστιν ἐκ τραγῳδίας; βλέπει γέ τοι μανικόν τι καὶ τραγῳδικόν. ΧΡΕΜ. ἀλλ' οὐκ ἔχει γὰρ δᾷδας. — schol. ἐπισκώπτει τὴν διὰ τῶν Ἐρινύων Αἰσχύλου ὑπόθεσιν· προσείδγονται γὰρ μετὰ λαμπάδων. ἢ ἄλλως· εἰώθασιν οἱ τραγῳδοὶ Ἐρινύας εἰσφέρειν μετὰ λαμπάδων. Vielleicht führte der Scholiast nur die Eumeniden des Aeschylos als das bekannteste Beispiel einer Tragödie an, in der Erinyen auftreten. — Das Epitheton ἀχρά widerspricht nicht, wie Hermann Opusc. II. p. 142 glaubte, der schwarzen Farbe der Furien.

zu erhöhen, den Eumeniden des Aeschylos Fackeln in die Hände gegeben haben. Wir sind überzeugt, dass vor Euripides die tragischen Furien keine Fackeln hatten; vielleicht hat sie Euripides selbst eingeführt [1].

Zwar hatte sich bereits in der Tragödie des Aeschylos die Umwandlung der „Zürnenden" in die „Wohlwollenden" vollzogen; aber Aeschylos hatte keine Gelegenheit mehr, diese Veränderung auch an dem Wesen der Göttinnen selbst ausführlich zu zeigen. Diese Seite ihres Wesens zu characterisiren blieb dem milden Sophocles aufbehalten.

Sophocles nennt die Erinyen die Töchter der Erde und des uralten Skotos (Oed. Col. 40. 106). Woher er diese Genealogie nahm, lässt sich nicht mehr auffinden. Vielleicht beruhte sie auf einheimischer Ueberlieferung im Cult von Colonos, wie Schneidewin mit Wahrscheinlichkeit vermuthet hat (zum Oed. Col. 40). — In der Electra V. 113 nennt er sie nur Töchter der Götter; ob er damit ausdrücken wollte, dass ihre Genealogie überhaupt unsicher sei, oder ob er Scheu trug, ihre Herkunft zu profaniren oder endlich ob er ihre Abstammung nur im Allgemeinen bezeichnen wollte, ist ungewiss, aber auch gleichgültig. Wie beim Aeschylos wohnen sie im Tartaros (Oed. C. 1568: χθόνιαι θεαί) und sind dem Hades und den übrigen Göttern, deren Befehle sie ausführen, untergeben. (Ant. 1075). — Nicht nur die Kinder, welche ihre Eltern beleidigt haben, bestrafen sie, sondern jegliches Vergehen wider göttliches und menschliches Recht, nachdem sie mit Flüchen zur Rache aufgerufen sind. So bittet Electra, sie möchten Rache nehmen an der Klytaemnestra, die keine Erinys fürchte (El. 276), und an dem verbrecherischen Aegisthos [2]. So ruft Aias die Furien gegen die Atriden und das ganze Griechenheer an, weil man ihm nicht die Waffen des Achilleus zuerkannt hatte (Ai. 835 f. 843 f.), und Teukros betet zur

---

[1] In späteren Zeiten konnte man sich die tragischen Erinyen kaum ohne Fackeln denken. Vgl. Aeschin. in Timarch. p. 190: μὴ γὰρ οἴεσθε, ὦ Ἀθηναῖοι, τοὺς ἠσεβηκότας, καθάπερ ἐν τοῖς τραγῳδίαις Ποινὰς ἐλαύνειν καὶ κολάζειν δᾳσὶν ἡμμέναις (von Cicero in Pis. 20, 46 wörtlich übersetzt).

[2] El. 112: σεμναὶ θεῶν παῖδες Ἐρινύες, αἳ τοὺς ἀδίκως θνῄσκοντας ὁρᾶθ', αἳ τοὺς εὐνὰς ὑποκλεπτομένους, ἔλθετ' ἀρήξατε, τίσασθε πατρὸς φόνον ἡμετέρου καί μοι τὸν ἐμὸν πέμψατ' ἀδελφόν.

μνήμων Ἐρινύς und zur τελεσφόρος Δίκη, sie möchten Verderben über die Atriden senden, die den Leichnam des Aias unbeerdigt den Vögeln vorzuwerfen befohlen hatten (ebd. 1390). — Die ποίνιμος Ἐρινύς soll die Deianira strafen, die dem Gatten das von Erinyen gewebte Kleid (Trach. 1050) gesendet: so fleht der Sohn Hyllos selbst. Doch von der Gottlosigkeit seines Wunsches erschreckt, fügt er hinzu: εἰ θέμις, wenn es Recht ist (Trach. 807). — Der unglückliche Oedipus, den die Erinys des Labdacidengeschlechts beständig verfolgt (Oed. Col. 1299. 1434), ruft in schrecklichem Fluch den Tartaros, den Ares und die Eumeniden gegen seine ruchlosen Söhne auf (ebd. 1391).

Die eilenden[1], schnellfüssigen[2], alles sehenden[3] Furien folgen dem verbrecherischen Menschen[4]. Aus dem Hinterhalte stürzt die erzfüssige Erinys auf ihn los[5]. Ihre Funktionen sind im Uebrigen dieselben wie bei Aeschylos. Sie rächen die ungerecht Ermordeten (El. 112) an den Mördern, sie verfolgen als unentrinnbare Hunde jeden Uebelthäter überhaupt El. 1386).

Im Oedipus auf Kolonos wird das Ehrwürdige, das Erhabene ihres Wesens besonders betont. Sie sind die σεμναὶ δημοῦχοι θεαί (V. 458), die ἀμαιμάκεταί[6] κόραι, ἃς τρέμομεν λέγειν καὶ παραμειβόμεσθ' ἀδέρκτως. Der Sophokleische Oedipus ist gewissermassen eine Fortsetzung der Eumeniden des Aeschylos zu nennen. Die Umwandlung der Erinyen in Eumeniden, die bei Aeschylos vollzogen wurde, ist in der Tragödie des Sophokles bereits vollendete Thatsache. Hier wird, was bei

---

1) ταχεῖαι Ai. 843.
2) τανύποδες Ai. 837. Vgl. Eustath. zur Il. IX, 454: τανύποδες διὰ τὸ οἷον μακροσκελὲς καὶ οὕτω πλατὺ τῆς διαβάσεως καὶ ταχὺ καὶ εὐκίνητον.
3) πανθ' ὁρῶσαι Oed. Col. 42. Ai. 836: dei παρθένους nennt der Dichter sie wohl nicht „wegen der Unveränderlichkeit ihres Wesens," sondern um ihre Strenge und Ehrwürdigkeit noch energischer zu kennzeichnen.
4) Oed. R. 471: δειναὶ δ' ἅμ' ἕπονται Κῆρες ἀναπλάκητοι, d. h. ἀσφαλεῖς, die unfehlbaren.
5) El. 488: πολύπους καὶ πολύχειρ ... χαλκόπους Ἐρινύς. Vgl. Oed. R. 418: δεινόπους ἀρά. Aeschylos bei Stob. Ecl. I. p. 120: ἑξῆς ὑπηδεῖ δόχμιον, ἄλλο δ' ὕστερον. Soph. Antig. 1075: λωβητῆρες ὑστεροφθόροι ... Ἅιδου καὶ θεῶν Ἐρινύες.
6) Schol. ἀμαιμάκετᾶν ἀκαταμαχήτων καὶ ἀπροσπελάστων.

Aeschylos nur angedeutet wurde, das Walten der Göttinnen als **Eumeniden** geschildert.

Mit den Erinyen wird alles Unheil, das den Menschen heimsucht, in Verbindung gesetzt. Das Nessosgewand ist von der Erinys gewebt (Trach. 1051), das Schwert, mit dem sich Aias tödtete, hat die Erinys geschmiedet (Ai. 1034) [1]. So wird das Wort Erinys gleichbedeutend mit Verderben. Trach. 893 singt der Chor: ἔτεκεν ἔτεκεν μεγάλαν ἀνέορτος ἅδε νύμφα δόμοις τοῖςδ' Ἐρινύν; und Antig. 603 steht φρενῶν Ἐρινύς geradezu für Wahnsinn.

Dem Erinyenideal in der Poesie hat **Euripides** die Vollendung gegeben. Seine poetischen und farbenreichen Schilderungen von diesen Göttinnen haben zugleich auch den Malern Mittel und Wege gewiesen, diese mythologischen Gestalten der Anschauungsweise des Volkes näher zu bringen. Die Vorstellung des Aeschylos, der die Erinyen zu raschen Jägerinnen macht, bildet er weiter aus. Um ihre Schnelligkeit zu erhöhen, giebt er ihnen Flügel [1]. Ihre Hautfarbe ist schwarz [2], ihre Augen triefen von Blut [3]. Sie gleichen den Gorgonen [4]; in den Händen führen sie Schlangen, mit denen sie den Verfolgten schrecken; aus ihren Gewändern sprüht Feuer und Mord [5]. Wie bei Aeschylos werden die Furien mit Hunden verglichen Or. 1342); der wahnsinnige Orestes hört sogar ihr Gebell Iph. T. 294) [6].

---

1) Vgl. das herrliche Chorlied Or. 316 ff.: δρομάδες ὦ πτεροφόροι ποτνιάδες θεαί, ᾀβάχχευτον αἳ θίασον ἐλάχετ' ἐν δάκρυσι καὶ γόοις, μελάγχρωτες Εὐμενίδες; hier werden zur Schilderung der Erinyen bacchische Züge verwendet. Auch hierin folgte die bildende Kunst den Dichtern. Vgl. auch Or. 411: αὐταί σε βαχχεύουσι συγγενεῖ φόνῳ;

2) Or. 408: νυκτὶ προςφερεῖς. El. 1345: χρῶτα κελαιναί.

3) Or. 255: τὰς αἱματωπούς καὶ δρακοντώδεις κόρας.

4) Or. 260: κυνώπιδες γοργῶπες ἐνέρων ἱέρειαι δειναὶ θεαί.

5) El. 1345: χειροδράκοντες. Iph. T. 285 f.: τίνες δ' οὐχ ὁρᾷς Ἅιδου δράκαιναν, ὥς με βούλεται κτανεῖν δειναῖς ἐχίδναις εἰς ἔμ' ἐστομωμένη; ἡ δ' ἐκ χιτώνων πῦρ πνέουσα καὶ φόνον πτεροῖς ἐρέσσει.

6) Euripides scheint die Erinyen in seinem Alkmaeon in Psophis auf die Bühne gebracht zu haben. Wenigstens lässt sich dieser Umstand aus den Bruchstücken des Alkmaeon von Ennius, der aller Wahrscheinlichkeit nach auf den Euripideischen zurückgeht, vermuthen. Vgl. Fr. III. Ribb.: Incedunt incedunt: adsunt adsunt adsunt, me expetunt . . Fer mi auxi-

Sie sind auch bei Euripides in erster Linie Bluträcherinnen (Or. 400: αἵματος τιμωρίαι) : deshalb verfolgen sie den fliehenden Muttermörder und erfüllen seinen Geist mit schrecklichem Wahnsinn [1]). Daher heissen sie selbst Or. 400: μανίαι. — Auch die Kinder der Medea, die von ihrer grausamen Mutter gemordet sind, haben ihre Erinys. Diese ruft Jason sammt der Dike gegen die Kolcherin herbei (Med. 1389). Deshalb hören wir aus dem Munde des Orestes die bittere, aber gerechte Klage, dass die Erinyen wohl die Bundesgenossinnen seiner Mutter seien, nicht aber des erschlagenen Vaters, der doch schwerer beleidigt sei (Or. 582 f.). Bereits Aeschylos hatte auf den Zwiespalt hingewiesen, in dem sich Orestes befand. Als er den Erinyen des Vaters durch die Ermordung der Mutter entging, fielen die ‛wüthenden Hunde der Mutter' über ihn her. Beim Euripides empört sich der subjective Verstand des Individuums gegen die rücksichtslose Strenge der göttlichen Weltordnung. In der schmerzlichen Klage des Orestes liegt zugleich eine indirecte Anklage gegen die Möra, welche in scheinbarer Ungerechtigkeit eine unzerreissbare Schlinge über das Haupt des unglücklichen Erdensohnes wirft.

Um den Zorn der Göttinnen nicht zu reizen, scheut sich der Mensch, ihre Namen zu nennen; höchstens bedient er sich euphemistischer Benennungen (Or. 38: Εὐμενίδες. 410: σεμναί). Supp. 835 begegnen wir der uns aus Sophocles bereits bekannten πολύστονος Ἐρινύς des Oedipus. Auch im übertragenen Sinne macht Euripides denselben Gebrauch von der Erinys wie

---

lium, pestem abige a me, flammiferam hanc vim, quae me excruciat. Caeruleo incinctae angui incedunt, circumstant cum ardentibus facibus. — Diese ausführliche Schilderung spricht allerdings mehr für Visionen; dann würde Euripides sich wiederholt haben, da auch in seinem Orestes und in der Iphigenie auf Tauris die Erinyen nur dem wahnsinnigen Orest erscheinen.

[1] Iph. T. 934: μητρὸς σ' οὕνεκα ἠλάστρουν θεαί. 941: μεταδρομαῖς Ἐρινύων ἠλαυνόμεσθα φυγάδες. 931: Ἐρινύων δεῖμα μ' ἐκβάλλει χθονός. 1454: πόνων . . οὓς ἐξεμόχθεις περιπολῶν καθ' Ἑλλάδα οἴστροις Ἐρινύων. 1439: δεῦρ' ἦλθ' Ὀρέστης, τὸν . . Ἐρινύων χόλον φεύγων. vgl. 267. — Or. 36: τὸ μητρὸς αἷμα νιν τροχηλατεῖ μανίαισιν. 835: βεβάκχευται μανίαις Εὐμενίσιν θήραμα. El. 1252: δειναὶ δὲ Κῆρες σ' αἱ κυνώπιδες θεαὶ τροχηλατήσουσ' ἐμμανῆ πλανώμενον. Vgl. Or. 238. 259. 270: Apollo gab dem Unglücklichen einen Bogen zur Vertheidigung gegen die Erinyen. Or. 1342.

seine Vorgänger in der Tragödie. Mord und Krieg werden von den Erinyen gesendet (Phoen. 252. 1306), die durch Wechselmord gefallenen Söhne des Oedipus heissen χάρματα. Ἐρινύων (ebd. 1503) und V. 1029 steht die Erinys im weitesten Sinne als Personification des Verderbens. Diese verderbenbringende Eigenschaft der Erinys wurde sodann auf unheilvolle Menschen übertragen, und daher wird Medea (Med. V. 1260) vom Chor eine φονία τάλαινά τ' Ἐρινύς genannt[1]).

Euripides scheint die Zahl der Erinyen auf drei[2]) festgesetzt zu haben. Wenigstens ist er der erste von den Griechen, der von den τρισσαὶ Εὐμενίδες (Or. 1260) spricht[3]). Die Namen der drei Erinyen, die erst später allgemein üblich wurden, scheinen in Alexandria entstanden zu sein. Die Bedeutung derselben spricht sehr für die Zeit grübelnder Gelehrsamkeit, die den alexandrinischen Grammatikern eigen war[4]). Τισιφόνη, die personificirte Blutrache, drückt die ursprüngliche Bestimmung der Erinys aus; Ἀληκτώ ist „die Unversöhnlichkeit und Ruhelosigkeit eines bösen Gewissens, nur dieses gleichsam zur Person ausser uns erhoben" (Pott Zeitschr. f. vgl. Sprw. V, 270) oder allgemeiner gefasst die unablässig verfolgende göttliche Strafe; Μέγαιρα endlich nach Preller I³, 690 richtig „der personificirte Neid mit dem bösen Blick", identisch also mit der Erinys, die den Menschen Verderben bringt aus reiner Freude an ihren Qualen und ihrer Vernichtung[5]).

Das Bild, welches Homer von den Erinyen gegeben hat, ist von den drei grossen Tragikern weiter ausgeführt worden. Wir haben aus ihren Werken das Wesen und Walten der Rachegöttinnen bis auf die kleinsten Züge kennen gelernt. Aus ihnen haben die Dichter späterer Zeit, besonders die rö-

---

[1]) Die Bemerkung des Schol. (Dindorf IV, p. 67): τάλαιναν . . Ἐρινῶν αὐτήν φησι τὴν δαίμονα, οὐ τὴν Μήδειαν· ὑπείληπται γὰρ τῶν τοιούτων κακῶν αἰτία εἶναι ἡ Ἐρινύς ist nur in ihrem allgemeinen Theile richtig.
[2]) Ueber die Dreizahl s. a. u. Abschn. III. Anm. 6. 7.
[3]) Or. 408. Troi. 457.
[4]) Darauf scheint auch die Notiz des Schol. zu Troi. 457 zu deuten: τρεῖς γάρ εἰσιν αἱ Ἐρινύες A. T. M. πεποίηται τὰ ὀνόματα.
[5]) Aehnlich die Erklärung der Namen bei Tzetzes z. Lykophr. 406: Τισιφόνη . . παρὰ τὸ τίνειν τοὺς φονέας. Μέγαιρα παρὰ τὸ μεγαίρειν καὶ φθονεῖν τοῖς κακοῖς, Ἀληκτὼ δὲ παρὰ τὸ μὴ λήγειν τοῦ τιμωρεῖν τοὺς τοιούτους.

mischen geschöpft. Was sie uns über die Erinyen vorführen, besteht meistentheils aus Reminiscenzen ihrer Lectüre, theils geschmacklos übertrieben, theils bis ins langweiligste Detail erweitert, theils auch missverstanden. Von der erhabenen Göttlichkeit der Erinyen, wie sie uns bei Aeschylos und Sophocles erscheint, finden wir bei den Epigonen kaum eine seltene Spur. Die Erinyen sind ihnen zu Henkersknechten geworden, die bei der geringsten Gelegenheit mit umständlichem Apparat eingeführt werden, um ihr grässliches Amt zu üben. Wir begnügen uns daher, eine kurze Uebersicht über die Verwendung der Erinyen bei den späteren Dichtern zu geben, ohne Rücksicht auf die Chronologie, da einerseits eine Weiterbildung des Ideals durch jene Dichter nicht mehr stattgefunden hat, andrerseits diese Uebersicht kaum mehr als ein statistisches Interesse bietet.

Das Walten der Erinys ist dem Gebote des Zeus unterworfen[1]. Wenn dieser Krankheit, Tod oder Krieg über die Sterblichen verhängen will, sendet er eine von den drei Schwestern auf die Erde hinab[2]. Ueber das Unheil, das sie den Menschen bereiten, empfinden sie selbst eine unersättliche Freude (Heliod. Aeth. p. 41, 19.). Sie sind die strengen Rächerinnen jedes Verbrechens[3], vornehmlich aber der Vergehungen gegen eine durch Familienbande geheiligte Person. Da gilt es gleich, ob der Vater vom Sohne[4], der Bruder vom Bruder[5], die Kinder von den Eltern[6], in ihren Rechten gekränkt sind,

---

1) Flacc. Arg. 4, 74: Erinys respiciens celsi legem Iovis.
2) Verg. Aen. 12, 851.
3) Senec. Med. 13: sceleris ultrices deae. Octav. 794. Ovid. Met. 1, 241: qua terra patet, fera regnat Erinys.
4) Nonn. Dion. 31, 262. 33, 45. Orph. Hym. Frg. 11, 5: δεινοὶ γὰρ κατὰ γαῖαν Ἐρινύες εἰσὶ τοκήων.
5) Flacc. Arg. 4, 617: fraterna Erinys. Orph. Arg. 1167 folgt der Medea die ὑστερόποινος Ἐρινύς wegen des gemordeten Apsyrtos. Penthesilea hatte ihre Schwester auf der Jagd unabsichtlich getödtet. Deshalb verfolgten sie die Erinyen: κεῖναι γὰρ περὶ ποσσὶν ἀλιτρῶν στρωφῶντ᾽ οὐδέ τιν᾽ ἔστι θεὰς ἀλιτόνθ᾽ ὑπαλύξαι Qu. Smyrn. I, 27. — Apoll. Rh. Arg. III, 704: Chalkiope die Erinys der Medea. Orph. Arg. 1180 wollen die Minyer die Medea in's Meer werfen, um die Erinyen abzuwenden.
6) Nonn. Dion. X, 97 f. 32 f. Flacc. Arg. 7, 112.

stets trifft, wenn auch zuweilen spät[1]), den Frevler die gebührende Strafe. Sie verfolgen ihn und erfüllen seinen Geist mit schrecklichem Wahnsinn[2]).

Wie sie jegliches Unheil auf die Menschen herabsenden[3]), so sind sie auch zugegen, wenn sich die Strafe an dem Frevler vollzieht[4]).

Die unheilvolle Liebe der Medea zu Jason war das Werk der δασπλῆτις Erinys, welche der Kolcherin den verhängnissvollen Pfeil ins Herz sandte (Orph. Arg. 872.)[5]). Auch Phineus schrieb seine Erblindung einer Erinys zu, die ihm auf die Augen gesprungen wäre (Apoll. Rhod. II, 220). Aus dieser Auffassung, über deren Grund wir bereits oben gesprochen haben, erklären sich auch Ausdrücke wie τόξα (Theodor. Prodr. VII*, 133) δεῖπνον (Achill. Tat. V, 5, 8), τράπεζα Ἐρινύων (Eusth. Phil. VIII, 11, 2.).

Ihre Zahl ist unbegrenzt. In der klassischen Poesie der Römer erscheinen sie noch in der Dreizahl, später aber ist von der turba (Senec. Med. 966; doch auch schon bei Propert. V, 11, 22), den agmina (Flacc. Arg. 2, 228, Sen. Med. 78), den globi Eumenidum (ebd. 3, 217) häufig die Rede.

Als Dienerinnen des Hades (famulae Ditis. Sen. Herc. fur. 100) wohnen sie in der Unterwelt[6]). Dort sind die

---

1) Flacc. l. c. 5, 146: segnis Erinys.
2) Nonn. X, 32 ff. Ovid. Met. IV, 495 ff. Sie zwingen die Io zur Flucht und zu rastloser Wanderung. Flacc. Arg. 7, 112.
3) Q. Smyrn. 5, 453: Ἐρινύες, αἵτε βροτοῖσιν αἰὲν ὑπερφιάλοισι κακὰς ἐφιᾶσιν ἀνίας.
4) Vgl. Nonn. Dion. 8, 402 f. beim Tode der Semele.
5) Bei Flaccus Arg. 4, 13 fordert Jupiter Juno auf, Venus und die Furien gegen die Medea zu erregen. — Nach Nonn. Dion. 16, 294 giebt es auch Erinyen des Liebenden, der verschmäht wird. Aus diesen und ähnlichen Gedankenverbindungen mag die Glosse des Hesychios: Ἐρινύς· δαίμων καταχθόνιος ἢ εἴδωλον ἢ Ἀφροδίτης zu erklären sein, nicht aber aus der Verwandtschaft der Aphrodite mit Nemesis, die ihrerseits wieder in Beziehung zu den Erinyen steht.
6) Petron. p. 168, 18 Büch: sedes Erebi qua rupta dehiscit, emergit late Ditis chorus, horrida Erinys et Bellona minax facibusque armata Megaera Letumque Insidiae et lurida Mortis imago, wo man den ganzen Schreckapparat beisammen findet. — Sen. Oed. 161. Orph. Hym. fr. 11, 5.

„thalami Eumenidum sub imo Acheronte" (Stat. Theb. 1, 597), dort herrscht Tisiphone als „regina Tartarei barathri" (ebd. 85.) [1]).

Geflügelt schreiten die Göttinnen einher [2]); in den Händen führen sie schrecklich zischende Schlangen [3]), brennende Fackeln [4]) oder Geisseln [5]). Ihre Gewänder sind schwarz [6]) oder blutfarben und bluttriefend: als Gürtel dient eine Schlange [7]). Vom Rücken herab hängt ihnen der Mantel, dessen Zipfel über der Brust zusammengeknotet sind. Feuriger Dampf steigt aus ihrem Munde, ihr ganzer Körper gleisst von Gift und Geifer [8]). Die schmutzigen Haare von zahlreichen furchtbar zischenden Schlangen durchflochten [9]), hängen wirr auf die Schultern herab [10]).

Zu diesem Zerrbild, das die Grenze des Schrecklichen und Erhabenen bedeutend überschreitet, sanken die mächtigen Eumeniden des Aeschylos unter dem declamatorischen Pathos und dem hohlen Phrasenschwall der römischen Dichter herab. Aus den zürnenden Göttinnen, die im Besitze grosser Macht sind bei den Göttern des Olymps und bei den Göttern der Unterwelt, ist eine epische Maschinerie geworden, die nach dem Belieben des Dichters in Bewegung gesetzt und, wenn sie ihre Pflicht gethan hat, wieder in die Rumpelkammer des epischen

---

1) Vgl. die ganze Beschreibung ebend. V. 87—113 und die zahlreichen Schilderungen der Unterwelt bei den römischen Dichtern. Verg. Aen. 7, 479: Cocytia virgo und ebend. 6, 374: amnis severus Eumenidum.

2) Verg. VII, 408: *fuscis* tristis dea alis. Sen. Herc. Oet. 1006: *temporibus* hirtas squalidis pinnas quatit. Flügel an den Schläfen der Furien finden wir auf römischen Sarkophagreliefs.

3) Hor. Carm. II, 13, 35. Ovid. Met. 4, 490. Claud. Rapt. Pros. 1, 40: Tisiphone crinita sontibus hydris. Verg. Georg. 4, 482. Ov. Her. II, 119: Allecto brevibus torquata colubris.

4) Claud. 31, 40. 35, 215 f. 20, 484. 36, 387 (der Scholiast zu dieser Stelle belehrt uns, dass diese Fackeln aus Taxusholz bestanden; der Taxus war giftig Caes. B. G. 6, 31). Sen. Med. 968. 231. Oed. 161.

5) Flacc. Arg. 8, 20: tortum Furiarum flagellum. Nonn. Dion. 10, 32. 44, 223. 21, 106.

6) Ovid. Her. 11, 103.

7) Ovid. Metam. 4, 481 ff.

8) Stat. Theb. 1, 109 f. 106 f.

9) Nonn. Dion. 32, 100. Sen. Herc. fur. 990. Herc. Oet. 1005. Herc. fur. 86: ignem flammeae spargant comae.

10) Sen. Octav. 267. Tac. Ann. 14, 30: crinibus deiectis.

Handwerkzeugs geschoben wird. Was Wunder, wenn diese Art von poetischer Schöpfungskraft auch ein Präservativmittel gegen jene Schreckgespenster erfand!

Der Korallenstein — dies theilt der Verfasser der (unter dem Namen des Orpheus gehenden) Lithika (V. 584) zu Nutz und Frommen seiner Leser mit — der Korallenstein ist ein ἀντίλυτρον ἀγνάμπτοισιν Ἐρινύσιν.

Zweiter Abschnitt.

Ueber den Ursprung, den Namen und den Begriff der Erinyen. — Ueber Demeter Erinys.

Ueber die Genealogie der Erinyen[1]) haben uns die griechischen Schriftsteller von einander abweichende Nachrichten überliefert. Bei Hesiod lesen wir, dass Kronos nach Entmannung seines Vaters die Genitalien desselben fortgeworfen habe, und dass aus deren Blute die Erinyen entstanden seien. Die Erde nämlich hatte die hervorquellenden Blutstropfen in ihren Schooss aufgenommen und nach Verlauf von Jahren (περιπλομένων ἐνιαυτῶν) gebar sie die gewaltigen Erinyen (κρατερὰς Ἐρινύας). Dieselbe Erzählung von ihrem Ursprung bringt Apollodor I, 1, 4; nur werden bei ihm die Geschlechtstheile des entmannten Uranos in das Meer geworfen. — Aber noch an einer zweiten Stelle thut Hesiod oder richtiger ausgedrückt derjenige, welcher die Theogonie aus den heterogensten Fabeln zusammenschweisste, der Erinyen Erwähnung. Dass nämlich Vers 220 unter dem αἵ τε[2]) die Erinyen oder rächenden Keren als Schwestern der Mören zu verstehen sind, hat bereits Schömann (Opusc. acad. II. p. 141 s.) richtig bemerkt. Hier wird die Nacht als Mutter genannt. Wir sehen daraus, dass der Compilator der Theogonie zwei verschiedene Fabeln, die er wohl selbst nicht ganz verstand, in das Gedicht hineinge-

---

[1]) Theog. 164 ff.
[2]) αἵτε ἀνδρῶν τε θεῶν τε παραιβασίας ἐφέπουσαι οὐδέποτε λήγουσι θεαὶ δεινοῖο χόλοιο πρίν γ' ἀπὸ τῷ δώωσι κακὴν ὄπιν ὅστις ἁμάρτῃ.

fügt hat. Vortrefflich hat Schömann a. a. O. gezeigt, dass durch die Entmannung des Uranos und die Entstehung der Erinyen aus seinem Blute darauf hingewiesen werde, dass zugleich mit dem ersten Verbrechen eines Sohnes gegen seinen Vater auch die Strafe für dieses Verbrechen in die Welt getreten. Diese Auffassung des Compilators stimmt jedoch nicht mit der Nothwendigkeit der Entmannung des Uranos. Denn in der That war das Verbrechen des Kronos nur dem äusseren Scheine nach verabscheuungswürdig. Uranos' Zeugungskraft musste vernichtet werden, damit er nicht die Erde mit Ungeheuern übervölkerte. Die Erinyen wurden aus einer anderen Sage in die Entmannungsgeschichte des Uranos von Jemand herübergenommen, welcher den wahren Sinn des Mythos nicht mehr verstand. Auffallend ist es ferner, dass V. 186, wo die Erinyen namentlich angeführt werden, nichts über ihre Obliegenheit verlautet, wo diese bestimmt wird (V. 220 ff.), ihre Namen verschwiegen werden. Dies ist jedoch absichtlich von dem Compilator geschehen, der den Widerstreit der beiden Genealogien verdecken wollte.

Jedenfalls ist es einleuchtend, dass die Herleitung der Erinyen von der Nacht älter ist als diejenige von Uranos, welche den Stempel ihrer spätern Entstehung als ein Product des grübelnden Verstandes deutlich an sich trägt.

Der älteren Version des Mythos folgte auch Aeschylos, der die Erinyen wiederholentlich (z. B. Eum. 405. 319.) Νυκτὸς αἰανῆς τέκνα nennt [1]). Der zweiten Abstammung, aus dem Blute des Uranos, haben ausser Hesiod noch andere Schriftsteller den Vorzug gegeben [2]). Sophocles nennt Oed. Col. 42. 106. den Vater Σκότος [3]), Epimenides beim Scholiasten zum Oedipos auf Kolonos V. 42. wieder Uranos. An derselben Stelle wird Istros von Kyrene citirt, welcher die Mutter Euo-

---

[1] Vgl. Verg. Aen. 12, 844: dicuntur geminae pestes cognomine Dirae, quas et Tartaream Nox intempesta Megaeram uno eodemque tulit partu. (Apul. de orth. p. 131: Furiae filiae secundum Eudemum Acheruntis et Noctis fuerunt).

[2] Tzetz. ad Lyc. 406: καὶ κατὰ μὲν Ἡσίοδον καὶ τοὺς λοιποὺς 'nämlich Verfassern von Theogonien' ἐκ τῶν σταγόνων τοῦ αἵματος τῶν αἰδοίων τοῦ Οὐρανοῦ ἐγένοντο.

[3] dasselbe beim Scholiasten zum Aeschin. p. 747 R.

nyme nennt (ἣν νομίζεσθαι γῆν fügt der Scholiast hinzu). Dasselbe finden wir bei Tretzes (zum Lycophr. 406) und beim Scholiasten zum Aeschin. in Tim. p. 747 R: Εὐωνύμην ἣν καὶ γῆν ὀνομάζεσθαι. — Euphorion sagt (Fr. 52 Meineke S. 121), dass die Erinyen die Töchter des Phorkys seien, eine Fiktion, die daher entstanden zu sein scheint, dass Phorkys der Vater der Gorgonen war und diese häufig mit den Erinyen verglichen und verwechselt wurden. — Bei den Orphikern endlich ist Persephone die Εὐμενίδων γενέτειρα (Hymn. 28, 6 und Hymn. 69 V. 2 f. werden die Erinyen sogar ἁγναὶ θυγατέρες μεγάλοιο Διὸς χθονίοιο — Φερσεφόνης genannt,. Der Grund liegt auf der Hand. Als die Erinyen in der Religionsentwicklung zu Dienerinnen des Hades herabgesunken waren, suchte man sie auch genealogisch mit diesem zu verknüpfen [1]).

Aeschylos, dem wir in religiösen Angelegenheiten eine grosse Autorität einräumen müssen, unterscheidet (Eum. 713) τοὺς τε νέους καὶ παλαιοτέρους θεούς und rechnet (ebd. 797) die Erinyen zu dem älteren Göttergeschlechte. In diesem Zusammenhange hatte man ihnen die Nacht zur Mutter gegeben. Da nun die Sagen von einem älteren Göttergeschlechte als dem olympischen zweifellos nicht Erdichtungen späterer Zeit sind, sondern auf eine frühere Periode der griechischen Religionsgeschichte im dogmatischen Sinne hinweisen, da ferner von einem so einsichtsvollen Kenner wie Aeschylos die Erinyen in diese Zeit versetzt werden, so glauben wir nicht irre zu gehen, wenn wir behaupten, dass die Erinyen oder richtiger ausgedrückt, die Erinys als göttliche Macht zu den ältesten griechischen Religionsvorstellungen gehört. Dass diese Behauptung überdies eine natürliche Folgerung aus dem Begriff der Erinys ist, wird sich später zeigen. — Da sich ferner bei den Griechen verwandten Völkern eine ähnliche Gottheit bis jetzt nicht vorgefunden hat, so müssen wir die Erinys als ureignes Product griechischer Religion betrachten.

Bevor wir den Begriff der Gottheit genauer formuliren,

---

[1] Vgl. Proculus in Plat. Crat. p. 100: Περσεφόνη καλεῖται μάλιστα ἡ Κόρη, τῷ Πλούτωνι συνοῦσα καὶ συναπογεννᾶν τὰς ἐν τοῖς ὑποχθονίοις Εὐμενίδας λέγεται; dazu Lobeck Aglaopham. p. 547: „quibus etsi nomen Orphei non subscribitur, tamen ad hunc potissimum auctorem referenda videntur."

müssen wir eine von Pausanias überlieferte Sage näher untersuchen, die eine grosse Verwirrung in frühere Behandlungen unseres Gegenstandes hineingebracht hat. Pausanias berichtet nämlich (VIII, 25, 4 ff.), dass bei den Einwohnern von Thelpusa in Arkadien folgende Sage in Umlauf wäre. Poseidon, von Liebe zur Demeter entbrannt, hätte letztere, als sie überall nach der geraubten Tochter suchte, unablässig verfolgt. Die Göttin, um der ungestümen Liebeswerbung zu entgehen, hätte die Gestalt einer Stute angenommen und sich als solche, um desto sicherer zu sein, unter die Pferde des Onkios, des Königs von Onkeion, gemischt. Darauf hätte sich Poseidon seinerseits in einen Hengst verwandelt und so der Göttin beigewohnt. Zuerst sei Demeter darüber sehr erzürnt gewesen, doch sei ihr Zorn bald verflogen, und sie hätte ein Lustrationsbad im Flusse Ladon genommen. 'Ἐπὶ τούτῳ, fährt Pausanias fort, καὶ ἐπικλήσεις τῇ θεῷ γεγόνασι', τοῦ μηνίματος μὲν ἕνεκα Ἐρινύς, ὅτι τὸ θύμῳ χρῆσθαί καλοῦσιν ἐρινύειν οἱ Ἀρκάδες.' Mit Bezug auf diese Legende sind zwei Statuen der Göttin im Tempel zu Thelpusa befindlich: die der Demeter Erinys, welche man auf neun Fuss schätzte, mit Fackel und Cista mystica, und die der Lusia, die eine Höhe von sechs Fuss haben mochte. Es halten aber einige dieses Bild für das einer Themis.

„Demeter habe nun, fährt Pausanias fort, eine Tochter geboren, deren Namen zu nennen von der Religion verboten sei, (es ist dies nämlich die Kore, welche die Arkadier mit ihrer Despoina identificirten) und das Pferd Arion[1]. Danach sei

---

[1] Homer Il. 23, 346 vindicirt dem Arion göttlichen Ursprung. Hesiod erzählt Sc. Herc. 120, dass Adrastos vor Teben dem Tode entgangen sei σὺν Ἀρίονι κυανοχαίτῃ. Dieselbe Sage wie bei Pausanias finden wir nur noch bei Tzetzes ad Lycophr. 766, 1225. (doch vgl. damit, was er zum V. 153 überliefert: λέγουσιν, ὅτε Ποσειδῶνος ἐρασθέντος τῆς Δήμητρος αὐτή, εἰς ἵππον μεταβληθεῖσα καὶ μεταξὺ ἀγέλης ἱππικῆς εἰσφρήσασα τοὺς ἵππους ἐτάραξε διὰ τὸ ἀθρόον ξένην ἵππον ἐπιστῆναι. Ἔφη οὖν ὁ ἱπποφορβός, πόθεν αὕτη ἡ Ἐρινύς; ἐντεῦθεν οὖν Ἐρινύς, ἀλλὰ οἱ Ἀρκάδες οὕτως αὐτὴν τιμῶσιν) und Philarg. ad Verg. Georg. III, 122: Neptunus etiam parens quorundam equorum fertur ut Pegasi ex Medusa et Arionis ex Cerere, cuius dominium Adrastus habuit. — Stat. Theb. VI, 296: Ducitur ante omnes rutilae manifestus Arion igne iubae. Neptunus equo si certa priorum fama pater. Vgl. Lactant. zu dieser Stelle. — Arion als Name eines Pferdes findet sich auf einer Vase aus Vulci (Cat. Durand No. 332. im Cabinet de Médailles

Poseidon von den Thelpusäern zuerst von allen Arkadiern Ἵππιος genannt worden." Pausanias selbst scheint dieser monströsen Fabel wenig Glauben geschenkt zu haben. Denn er setzt an vier Stellen vorsichtig ein κατὰ φήμην — λέγουσι — φασί — φασί — hinzu. Die Statue der Demeter Lusia muss attributlos gewesen sein, weil sonst kein Zweifel über ihre Bedeutung hätte entstehen können. Von einem arkadischen Provinzialismus soll endlich ein Wort gebildet, eine mythologische Persönlichkeit hergeleitet sein, die allen griechischen Stämmen gemeinsam war. — Wie dem auch sein mag, als Gewährsmann für seinen Bericht führt Pausanias den Antimachos, den Verfasser einer Thebais an, welcher überliefert, dass Thelpusa der Sitz (ἕδεθλον) der Demeter Erinys sei (bei Paus. VIII, 25, 4) und (ebd. §. 9. Antim. frg. 26. Stoll) dass die Erde ohne fremdes Zuthun den Arion geboren habe (αὐτὴ Γαῖ' ἀνέδωκε), also von der Vaterschaft des Poseidon kein Wort. Dagegen finden wir bei Lycophron Alex. 153. 1040. 1225 (Vgl. auch die Scholien des Tzetzes dazu) und beim Kallimachos (frg. 82. 207 Bentl.) die Demeter Erinys und den Poseidon als Eltern des Arion erwähnt. Doch ist auffällig, was Tzetzes zum V. 153 berichtet: Δημήτηρ Ἐρινύϊ ὁμοιωθεῖσα μίγνυται Ποσειδῶνι, und in gleicher Weise Apollodor III, 6, 8: τοῦτον (τὸν Ἀρείονα) ἐκ Ποσειδῶνος ἐγέννησε Δημήτηρ εἰκασθεῖσα Ἐρινύϊ κατὰ τὴν συνουσίαν. Haben wir hier die Spuren einer anderen Version des Mythos oder liegen uns hier nur euemeristische Erklärungsversuche eines Mythos vor, an dem selbst ein Tzetzes Anstoss nahm?

---

zu Paris', auf der die Vermählung des Herakles und der Hebe dargestellt ist ΑΡΙΟ. — Eine Münze der Sammlung Prokesch-Osten (Arch. Ztg. 1846. Taf. 43) zeigt auf der einen Seite das Haupt einer Frau mit reichem Haarschmuck, daneben den Buchstaben Θ, auf der anderen Seite ein laufendes Pferd mit der Legende ΕΡΙΩΝ. Bergk Bull. dell' Inst. 1848 S. 136 bezieht das Θ auf die Thelpusäer und glaubt, dass Erion dialectisch gleich Arion sei. Demnach erklärt er den weiblichen Kopf für den der Demeter Erinys, mit besonderer Rücksicht auf die gesträubten Haare. Diese allein haben keine genügende Beweiskraft; ausserdem ist das Wort ΕΡΙΩΝ nichts anderes als die Genetivendung des Namens derjenigen Stadtgemeinde, welche die Münze schlagen liess. Da offenbar der erste Theil des Namens fehlt, lässt sich nichts sicheres entscheiden.

Wir haben den Schlüssel dieses Räthsels auf einem anderen Gebiete zu suchen. Hesiod (sc. Herc. 120) erzählt, dass Arion das Pferd des Herakles gewesen sei, als dieser mit dem Kyknos im Hain des pagasaeischen Apollon in Thessalien kämpfte [1]. In diesem Lande stand seit alten Zeiten die Pferdezucht in hoher Blüte: naturgemäss war damit auch der Cultus des Poseidon Hippios verbunden. Servius zu Verg. Georg. I, 12 sagt geradezu: „sane hunc equum cuiuscunque nominis (vel Scythii vel Schironis vel Arionis) alii apud Arcadiam, *alii in Thessalia*[2] editum dicunt" nämlich vom Poseidon, wie er ausdrücklich bemerkt.

Dagegen überlieferten andere Schriftsteller, dass Arion in **Böotien bei der Quelle Thilphossa in der Nähe von Onchestos** geboren sei, und zwar stamme er vom Poseidon und der **Tilphossishen Erinys** (Schol. zu Il. 23, 346) [3]. Dieselben Eltern ohne Angabe des Ortes, an welchem das Connubium stattfand, nennt auch Hesychios I. p. 536 Alb. und Eustathios zur Il. 23, 344, welcher sagt: θεῖον δὲ γένος ὁ Ἀρείων, ὅτι κατὰ τὸν μῦθον Ποσειδῶνος καὶ Ἁρπυίας ἢ Ἐρινύος γενεαλογεῖται [4]. Warum die Erinys die Mutter des Arion genannt wird, ist klar [5]. Der Dichter der Thebais wollte im Verlauf des Gedichtes das verderbliche Walten der Erinys, welche dem Geschlechte der Labdaciden feindselig war [6], anschaulich schildern, er wollte den allmähligen Untergang des Labdacidenhauses als die Folge der planmässigen Thätigkeit

---

[1] Vgl. Müller Dorier Bd. I. S. 205 und Stesichor. frg. XII. ed. Kleine aus Schol. zu Pindar. Ol. 10, 19: ἐν παρόδῳ τῆς Θετταλίας.
[2] Etym. M. p. 473, 43, wo statt Σίσυφον Σκύφιον zu lesen ist.
[3] Vgl. Schol. zu Soph. Antig. V. 126: ἐκγεγόνει ὁ δράκων der vom Kadmos getödtet wurde' ἐξ Ἄρεως καὶ Τιλφώσσης Ἐρινύος.
[4] Schol. Vict. p. 613 Bekk.: οἱ δὲ νεώτεροι Ποσειδῶνος καὶ Ἁρπυίας αὐτὸν γενεαλογοῦσιν, οἱ δὲ ἐν τῷ κύκλῳ Ποσειδῶνος καὶ Ἐρινύος.
[5] Die Erinys in diesem Sinne als Mutter von Pferden auch beim Quint. Smyrn. VIII, 242.
[6] Aesch. Sept. V. 1040: ὦ μεγάλαυχοι καὶ φθερσιγενεῖς Κῆρες Ἐρινύες, αἴτε Οἰδιπόδα γένος ὠλέσατε πρεμνόθεν οὕτως. Pind. Ol. II, 45: ὀξεῖα Ἐρινύς ἔπεφνεν οἱ (dem Laios) σὺν ἀλλαλοφονίᾳ γένος ἄρήϊον. Böckh: ὀξεῖα de acri et violenti animi corporisque motu vel (was wir vorziehen) *de acu oculorum*: vgl. Soph. Ant. 50: τὰς πάνθ' ὁρώσας Εὐμενίδας. Cic. de N. D. III, 18: deae *speculatrices* et vindices facinorum et sceleris.

der Erinys erweisen. Als der Sturm der Sieben gegen Theben abgeschlagen war, rettete sich Adrastos allein mit Hülfe des Arion ('Αρείωνι ἐποχούμενος διέδρα τὸν θάνατον εὐτυχῶς Eust. a. a. O.), um nach dem Rathschluss der Erinys zehn Jahre später den Krieg unter besseren Auspicien zu erneuen und das gottverhasste Geschlecht des Labdakos gänzlich zu vernichten [1]). Was die zweite Genealogie des Arion von der Harpyie betrifft, die uns Eustathios überliefert und die vielleicht älter ist als jene andere, weil sie von den νεώτεροι stammt (Vgl. darüber Preller, Demeter und Persephone S. 155, 29), so lesen wir bereits beim Homer (Il. 16, 149. 19, 400), dass die Pferde des Achilleus Söhne der Harpyie Podarge sind, beim Stesichoros (frg. 1 Kleine), dass die Rosse der Dioskuren ὠκέα τέκνα Ποδάργης sind, ferner beim Nonnus Dion. 37, 155, dass die Pferde Xanthos und Podarge vom Boreas und der Harpyie Aellopus abstammen. Der Grund dieses Stammbaums leuchtet ein. Um die Schnelligkeit und Leichtflüssigkeit der Pferde in das günstigste Licht zu setzen, leitete man sie direct von der sturmfüssigen Göttin oder gar vom Sturme selbst ab.

Wir kommen wieder zu der boeotischen Fabel. Wenn man auch in neuerer Zeit die sogenannte thessalische Wanderung nach Böotien (Thuc. I, 12) als unhistorisch verworfen und eher ein umgekehrtes Verhältniss angenommen hat (G. Grote, griech. Geschichte, deutsche Ausg. II. S. 18), so bleibt doch eine Wechselbeziehung zwischen Böotien und Thessalien, eine gewisse Verwandtschaft des Cultus bestehen. Soviel ist jedenfalls sicher, mag nun das Pferd Arion aus Thessalien oder Böotien stammen, dass die Uebertragung der ganzen Sage nach Arkadien von Böotien aus geschehen ist. Auf Böotien weist das arkadische Onkai und Thelpusa, denen in jener Landschaft Onchestus und die Quelle Tilphossa entspricht. Vielleicht haben böotische Einwanderer die beiden Städte in Arkadien gegründet und ihnen jene ähnlich lautenden Namen gegeben; sie haben wahrscheinlich auch den in ihrer Heimath angesehenen Cultus

---

[1]) In demselben Sinne macht der Dichter der Kyprien aus der Helena eine Tochter der Nemesis (Athenaeus VIII. p. 334 C. Paus. I, 33, 7), und ebenso nennt Aeschylos (Sept. 555) den Tydeus Ἐρινύος κλητῆρα πρόςπολον φόνου.

des Poseidon Hippios hinübergebracht und, um diesen Cult im bergigen Arkadien einigermassen zu rechtfertigen [1]), ihre heimische Sage mit arkadischer Tradition verflochten, glücklicherweise so, dass wir noch im Stande sind, den einzelnen Fäden des Gewebes nachzuspüren und sie zu entwirren. Dazu kommt, dass der Mythos vom Raube der Persephone, der eines verhältnissmässig späteren Datums ist, an die böotische Legende ziemlich willkürlich geknüpft ist. Hier liegt überdies wiederum eine grosse Sinnlosigkeit zu Tage: die Tochter, die aus der Verbindung der Demeter und des Poseidon entsprang, von den Arkadiern Despoina genannt, ist ja identisch mit Persephone. Die Verfolgung der Demeter durch Poseidon geschah aber, als jene nach der geraubten Tochter umherirrte: ein mythologisches Hysteronproteron, wie es kaum plumper gedacht werden kann.

Dieselbe Sage erzählten dem Pausanias auch die Bewohner von Phigalea (Paus. VIII, 42, 1.): nur protestirten sie ausdrücklich gegen die Pferdelegende und liessen allein ihre Despoina aus der Verbindung des Poseidon und der Demeter entspringen. Nichtsdestoweniger hätte sich, so erzählte man weiter, ein uraltes Bild der Demeter mit Pferdekopf und Mähne in Phigalea befunden; Schlangen und anderes Gethier sei am Kopfe sichtbar gewesen: in der einen Hand hätte die Göttin einen Delphin, in der anderen eine Taube getragen; doch sei dieses Bild durch Brand zu Grunde gegangen. Als darauf eine Hungersnoth ausbrach, wandten sich die Phigaleer an das delphische Orakel, von dem ihnen der Bescheid wurde, sie sollten das alte Bild der Göttin wieder herstellen. Mit dieser Arbeit beauftragten sie den berühmten äginetischen Bildner Onatas. Dieser verfertigte eine cherne Statue, ἀνευρὼν γραφὴν ἢ μίμημα τοῦ ἀρχαίου ξοάνου, τὰ πλείω δὲ ὡς λέγεται καὶ κατὰ ὀνειράτων ὄψιν. Mit anderen Worten: der geistreiche Künstler wollte seiner Kunst die Herstellung eines derartigen Monstrums nicht zumuthen und zog sich durch Vorspiegelung eines Traumbilds aus der Schlinge. Dadurch wurden auch die religiösen Bedenken der ehrlichen Phigaleer beseitigt. „Aber

---

[1] Vgl. H. D. Müller, Mythologie der gr. Stämme II. S. 415. Welcker Gr. Götterl. II. S. 491.

dieses Bild, so fährt Pausanias §. 12 fort, habe ich selbst nicht gesehen, und die meisten Phigaleer wusstenauch nichts davon. Nur ein sehr alter Mann erzählte mir, dass drei Menschenalter vor ihm die Höhle, in der das Bild gestanden, eingestürzt und auf diese Weise die Statue zerstört worden sei." — Diese Geschichte ist, wenn möglich, noch sinnloser als die Thelpusäische. Die Phigaleer wollten von dem Pferdesprössling nichts wissen, und doch hatte ihre Statue einen Pferdekopf? Die Thelpusäer dagegen verbreiteten diese Sage, obwohl ihr Demeterbild keine auf sie zielende Andeutung hatte? Es mag genügen, diese Widersprüche hier aufgedeckt zu haben. Eine absolute Klarheit lässt sich — unseres Erachtens — in diese Verhältnisse nicht bringen [1].

Unsere Ansicht ist folgende: Einwandernde Böotier haben die Sage von der Geburt des Arion nach Arkadien gebracht und dort mit dem Cultus des Poseidon verknüpft, der seinerseits wieder mit der Demeter in Verbindung stand. Die Erinys wurde ein Beiname der Demeter, der um so eher eine Erklärung fand, als man ihn durch die Gewaltthat des Poseidon psychologisch zu motiviren wusste. In Phigalea wies man diese importirte Sage zurück, obwohl das dortige Demeterbild einen Pferdekopf hatte [2].

Kampe [3], v. Prusinowski [4], O. Müller (Eum. S. 168 ff.), K. F. Hermann (Gott. Alt. §. 14, 11. Quaest. Oed. S. 90 ff.)

---

[1] Auf andere Weise hat E. Petersen (Progr. des Gymn. zu Ploen 1871) S. 35 ff. diese Sage kritisch behandelt und das Bild mit dem Pferdekopf zu beseitigen versucht. Wir erklären uns mit dem *Resultate* dieser Untersuchung einverstanden. Seiner Ansicht nach hat jene Statue gar nicht existirt, sondern die Göttin selbst wäre mit dem Höhlenbild gemeint. Ferner würde ein Bild mit einem Pferdekopf dem richtigen Gefühle der griechischen Kunst widersprechen, nach dem „unedleres Haupt auf edleren Gliedern in sich widersinnig ist."

[2] Eine Verpflanzung der Mythe durch Einwanderung nimmt auch Welcker an Gr. Götterl. II. S. 491; vgl. auch O. Jahn, die cista mystica Hermes III. S. 328: „Dem reformirten Mysteriencultus gehörten ohne Zweifel auch die Akrolithenstatuen der Demeter Erinys und Lusia im Onkeion bei Thelpusa an, von denen Erinys bei Paus. VIII, 25, 7 die cista (τὴν καλουμένην κίστην) und eine Fackel hielt."

[3] Erinyes. Dissert. Berolin. 1831.

[4] De Erinyum religione apud Graecos. Dissert. Berolin. 1844.

u. a. m. haben allen erdenklichen Scharfsinn aufgewendet, um auf Grund dieser Sage die vollständige Identität der Erinys und der Demeter zu statuiren. Es wird genügen, die Beweisführung Ottfried Müllers zu beleuchten. Zuerst behauptet er, dass der Cultus der Demeter Erinys durch Griechenland weit verbreitet gewesen sei. Davon liest man in den griechischen Quellen kein Wort, nur beim Pausanias ist von dem Cultus in Thelpusa die Rede. Nun conjicirt er rückwärts weiter, dass die tilphossische Erinys, mit der Ares den Drachen erzeugte, identisch mit der thelpusäischen Demeter sei. Da nämlich, so begründet er diese Behauptung, Theben von Demeter und Persephone gegründet worden war (Schol. zu Eurip. Phoen. V. 694), und Demeter schon an sich (!!) Erinys ist, bevor sie von den Menschen zornig gemacht wurde, so muss die tilphossische Erinys und die Demeter dieselbe Person sein. Daraus schliesst er, dass die Furie, welche das kadmeische Geschlecht vernichtet hat, eben jene Demeter Erinys ist. In späteren Zeiten aber, da die Menschen sich scheuten, von der Demeter Erinys zu reden, seien die Erinyen als besondere Gottheiten an die Stelle der Demeter getreten [1]. Im Gedächtniss der jüngeren Zeitalter sei die ursprüngliche Einheit der Furie und der Demeter nicht mehr vorhanden gewesen; doch sei sie noch ersichtlich zu Phlya, einem attischen Gaue, wo Pausanias (I, 31, 4) in einem Temenos βωμοὺς Δήμητρος 'Ἀνησιδώρας καὶ κόρης Πρωτογόνης καὶ Σεμνῶν ὀνομαζομένων θεῶν sah. Aus dieser Stelle liesse sich mit leichterer Mühe das Gegentheil beweisen. Weshalb dort die Erinyen und die Erdgottheiten zusammen verehrt wurden, werden wir unten sehen. Ein weiterer Beweis für die Identität der Demeter und der Erinys liege ferner darin, dass beiden Gottheiten der Narcissus heilig sei. Für die Demeter bezeuge es Sophocles Oed. Col. 681, für die Erinys Euphorion (frg. 52). Hier ist dem grossen Gelehrten der Umstand entgangen, dass die Notiz des Euphorion aus einem Missverständniss der sophocleischen Stelle entstanden ist, indem er nämlich unter den bei Sophocles erwähnten μεγάλαιν θεαῖν die Erinyen verstand,

---

[1] Auf ähnliche Weise also, wie sich später von der Athena Nike dieser Beiname als besondere Gottheit ablöste.

obwohl schon der Dualis deutlich dagegen spricht (S. über diesen Punkt Ausführlicheres unten Seite 38 Anm. 3). Wenn O. Müller endlich als Beweis für seine Behauptung anführt, dass die Statuen der Demeter und der Persephone zu Syrakus (nach Plut. Dion. 56) mit Purpurgewändern bekleidet waren, und dass dasselbe bei den Holzbildern der Eumeniden zu Athen der Fall war, so wird man uns gestatten, darüber stillschweigend hinwegzugehen.

 Gegen O. Müller trat zuerst G. Hermann in seiner Kritik des Müllerschen Buches, 'die Eumeniden des Aeschylos' (Opusc. VI, 2. S. 200) auf und bestritt die Identität der beiden Gottheiten, ohne sich auf nähere Details, die seinem Zwecke fern lagen, einzulassen. Nach ihm verfocht Preller in seiner vortrefflichen Schrift über Demeter und Persephone (Hamburg 1837)[1] die Wesensverschiedenheit der Demeter und der Erinys. Ihm stimmten nur noch bei Welcker a. a. O. und H. D. Müller in seiner „Mythologie der griechischen Stämme" II. S. 514. In allen übrigen Büchern prangt die Rosszüchterlegende als unumstössliches Dogma.

 Wir fassen kurz das Resultat unserer Untersuchung noch einmal zusammen. Die erweislich ältesten Sagen verflochten das Ross Arion mit der böotischen Tradition. Von Böotien aus oder, wenn man noch höher hinauf will, von Thessalien aus wurde die Sage nach Arkadien gebracht und gewaltsam auf dortige Culte hinaufgepfropft. Antimachos, Kallimachos und Lycophron, die bekanntlich ihren Ruhm in Auskramung möglichst dunkler und abstruser Legenden gesucht haben, sind

---

[1] Vgl. folgende treffende Bemerkung Prellers a. a. O. S. 165: „Die Erinys in dieser Gedankenreihe (verbunden mit den Thebanischen Fabeln) für eine Demeter erklären, würde sogar auf einen Widerspruch der Mythe mit sich selbst führen. Denn jene Drachen, wie Kadmos einen erschlagen, bedeuten doch die vor dem Heldenmuthe, der Religion und Agricultur verschwindende Wüstenei und rohe Naturgewalt der vorhistorischen Urzeit. Tempel und Burgen erheben sich, wo sie erschlagen werden, und die Götter selbst oder ihre Heroen von ihnen geleitet erschlagen sie, um ihren Ordnungen für Sitte und Humanität eine Stelle zu schaffen. So leitete auch Demeter und zwar als Thesmophoros den Kadmos zur Gründung der Kadmea und machte Wohnung in derselben, wie sollte sie wegen des erschlagenen Drachen zürnen, welcher doch getödtet werden musste, ehe die neue Burg angelegt werden konnte."

nebst der Erzählung des Pausanias unsere Zeugen für die Demeter Erinys. Dass eine solche also in Arkadien existirt hat, kann nicht geleugnet werden. Wir haben ferner gesehen, dass der Beiname der Demeter aus der Thebanischen Localtradition geflossen später von den Arkadiern, die seinen Ursprung nicht mehr kannten, rationalistisch aufgefasst und auf den Zorn der Demeter gedeutet wurde. Wir haben also ein doppeltes Ergebniss:

1. In der böotischen Verschmelzung ist die Beziehung der Demeter zur Erinys eine rein äusserliche, die ihr innerstes Wesen nicht beeinflusst. 2. In der arkadischen Deutung ist diese Beziehung eine rein zufällige, da der Zorn der Demeter nicht die Substanz ihres Wesens, den Grundcharacter ihres Seins ausmacht, sondern nur eine vorübergehende Gemüthsstimmung war, bei den Erinyen aber der Zorn ein wesenbestimmendes Element, nicht ein accessorisches Attribut ist.

Wie schon die Alten über den Ursprung der Erinyen keine Tradition hatten, ebensowenig wussten sie etwas Bestimmtes über die Herleitung des Wortes selbst zu sagen, wie ja Etymologie überhaupt nicht ihre Stärke war. Die Ableitung von dem arkadischen Provinzialismus ἐρινύειν für θυμῷ χρῆσθαι haben wir bereits oben zurückgewiesen. Eustathios zu Il. 9, 454, wo er ausführlicher von den Furien spricht, verweist diejenigen, die über den Namen der Göttinnen mehr zu wissen wünschen als er selbst bietet, an die παλαιοί, und in der That scheinen die alten Grammatiker grosse Mühe auf die Erklärung des Namens verwendet zu haben. Der Verfasser des Etymol. M. theilt uns nämlich p. 374 eine ganze Reihe solcher Etyma mit, die er aus den Schriften der Grammatiker geschöpft haben mag. Freilich sind es lauter 'luci a non lucendo', die nicht den geringsten wissenschaftlichen Werth haben, aber immerhin sind sie noch interessant genug, um wenigstens in der Anmerkung mitgetheilt zu werden, besonders da sich in den einzelnen Herleitungen auch die verschiedenen Auffassungen spiegeln, die man in den verschiedenen Zeiten über das Wesen der Erinys hatte [1].

---

1) Die Stelle lautet: Ἐρινύες θεαί τιμωροὶ τῶν πατρικῶν ἀσεβημάτων

Die Forscher unserer Zeit haben ziemlich allgemein[1], den Zorn als den Begriff angenommen, der dem Worte Erinys zu Grunde liegt. Da sich nun gewöhnlich bei Gottheiten dieser Art Name und Wesen decken, so werden wir vorläufig bei dieser Erklärung stehen bleiben.

Dritter Abschnitt.

Der Cultus der Erinyen bei den Griechen.

Am berühmtesten von allen Cultusstätten der Erinyen war ihr Heiligthum in Athen. Noch in später Zeit wagte der Muttermörder Nero nicht nach Athen zu kommen, weil er die Rache der beleidigten Göttinnen fürchtete (Dio Cass. 63, 14.). Zwischen dem Areopag und dem westlichen Fusse des Burgfelsens lag der heilige Bezirk der Semnen[2] mit dem Grabe des Oedipus, welches gleichsam als Unterpfand des Segens für die Stadt angesehen wurde. Im Peribolos befanden sich ausserdem die Statuen des Pluton, des Hermes und der Ge[3].

ἤγουν τῶν εἰς τοὺς γονεῖς ἁμαρτημάτων παρὰ τὸ ἐν τῇ ἔρα ναίειν, ὅ ἐστιν οἰκεῖν ἐν τῇ γῇ, ἢ ἡ ἐκ γῆς ἀνερχομένη, ἐρανὸς καὶ ἐρινύς· καταχθονία γὰρ ἡ δαίμων. ἢ, παρὰ τὸ τὰς ἀρὰς ἀνύειν, οἱονεὶ ἀρανὸς τις οὖσα καὶ ἐρινὸς ἡ τὰς ἀρὰς ἢ, τὰ αἴτια ἀνύουσα καὶ ἐκτελοῦσα. ἢ παρὰ τὸ ΕΡΙ καὶ τὸ ἀνύειν ἡ μεγάλως ἀνύουσα. ἢ, παρὰ τὸ ἐλινύειν (diese Etymologie nahm auch Gottfried Hermann Op. VI, 2 S. 200 an), τὸ ἡσυχάζειν γέγονεν ἐλινὺς καὶ ἐρινύς, ἡ ἡσυχάζουσα κατὰ ἀντίφρασιν ἡ μὴ ἡσυχάζουσα. — Ἐρινύες παρὰ τὸ ἐρευνᾶν· οἱ δὲ παρὰ τὴν ἔριν, ὅτι δυσμενεῖς ἕως τέλους εἰσίν· οἱ δὲ παρὰ τὴν ἔραν· γηγενεῖς γάρ εἰσιν ὡς καὶ οἱ γίγαντες παρὰ τὸν ἐπὶ τῆς γῆς σταλαγμὸν γεγενῆσθαι ὡς Ἡσίοδος κτλ.

1) Mit der arkadischen Fabel steht und fällt die von Kuhn (Zeitschr. für vgl. Sprachw. I. S. 439 ff.) entdeckte Etymologie, der aus den indischen Fabeln eine herausgefunden hat, die eine gewisse Aehnlichkeit mit der Poseidon-Demetersage hat. Da die betreffende Göttin dort Saranyû heisst, glaubt er die Bedeutung des Wortes Erinys gefunden zu haben, das durch Lautveränderung aus „Saranyû" entstanden sei.

2) So wurden — jedenfalls euphemistisch (Hellad. Chrest. p. 22) — die Erinyen zu Athen genannt. Vgl. Kampe Fr. p. 45: ut ex ἐρεβεννός est ἐρεμνός ortum, ita σεμνός ex σεβεννός i. e. quem σέβειν debeas.

3) Paus. I, 28, 6. 7. Leake, Topographie von Athen S. 256. Sauppe u. B. Bursian Geogr. I, S. 254. Smith Geogr. Lex. S. 282.

Lobon der Argiver im Buche über die Dichter (bei Diog. Laert. I, 112) irrt sich, wenn er behauptet, dass das Semnenheiligthum zu Athen vom Kreter Epimenides' nach dem kylonischen Aufstand gegründet sei. Denn Thukydides (I. 126) und Plutarch (Sol. 12) berichten, dass die Anhänger des Kylon zu den Altären, die vor der unterirdischen Höhle der Göttinnen standen, geflohen und daselbst von ihren Verfolgern getödtet worden seien. Epimenides reinigte nur das durch diesen Mord befleckte Heiligthum (vgl. Curtius Griech. Gesch. I. S. 295).

Eine tiefe Felsspalte am nördlichen Ende der Ostseite des Areopags ungefähr 130 bis 150 Fuss von den Stufen des Areopags entfernt war das Adyton des Heiligthums [1]. Vor dieser Höhle standen Altäre, auf denen man die Opfer verbrannte [2]. Wahrscheinlich standen auch hier die drei Marmorstatuen, von denen die mittlere Kalamis verfertigte (Schol. ad Aeschin. p. 747 R. Clem. Alex. Protr. 4 p. 14). Die beiden anderen waren von Skopas aus parischem Marmor gearbeitet (Preller Polem. fragm. p. 14). Aus diesem Umstande entsprang der Irrthum des Phylarchos, der beim Schol. zum Oed. Col. 39 nur von zwei Statuen spricht, was auch Polemon bereits verbessert hat. Otfried Müller vergleicht die Medusa Rondanini mit den Eumeniden des Skopas (Hdb. d. Arch. §. 398, 5), nicht mit Unrecht, besonders da Pausanias (I, 28. 6) bemerkt, dass nichts Furchtbares an den Statuen sichtbar gewesen wäre [3].

Zur Zeit des Kalamis war die Dreizahl der Erinyen noch nicht in den Volksglauben übergegangen. Im Hinblick also auf die uralte Rachegöttin schuf Kalamis nur *eine* Statue als Ausdruck der Idee [4]. Als aber die Trias durch die Dichter,

---

1) Aesch. Eum. 1001 sq.: ἔτι κατὰ γῆς σύμεναι — γᾶς ὑπὸ κεύθεσιν ὠγυγίοισιν. 772: κευθμῶνας χθονός. Eur. El. 1269: πάγον παρ' αὐτὸν χάσμα δύσονται χθονός.

2) Paus. VII, 25, 1: βωμοὺς θυώδεις Εὐμενίδων. Aesch. Eum. 773: λιπαροθρόνοις ἐπ' ἐσχάραις.

3) Copieen dieser Statuen des Skopas glaubt Flasch (Bullett. dell' Inst. S. 11 f. S. 34) in zwei Hygieiastatuen des Belvedere und des Berl. Museums entdeckt zu haben. Dagegen mit Recht Klügmann a. a. O. S. 34.

4) Ursprünglich dachte man sich eine Erinys als Repräsentantin des Begriffs, der dieser Gottheit zu Grunde liegt. Später vervielfältigte man ihre Zahl, um die unbeschränkte und ausgebreitete Wirksamkeit der Erinys damit zu bezeichnen.

besonders durch Euripides, der, soviel wir wissen, zuerst die Dreizahl der Furien erwähnt (Orest. 1666), gewissermassen zum Dogma erhoben wurde, forderte es die allgemeine Stimme, diesem neuen Dogma auch im Cultus einen Ausdruck zu geben. Deshalb setzte Skopas, wie es scheint auf Staatskosten, 80 Jahre nach Kalamis eine zweite und dritte Eumenide neben die erste jenes Künstlers [1].

Dass sich in der Höhle alte Schnitzbilder (vielleicht sitzende Aesch. Eum. 773) der Erinyen, die an festlichen Tagen mit blutfarbenen Gewändern geschmückt wurden (Aesch. Eum. 982), befunden haben, ist eine sehr ansprechende Vermuthung O. Müllers (Eum. S. 179).

Zu Vorstehern des Semnencults wählte der Areopag aus allen Athenern zehn ἱεροποιοί, denen kein moralischer Makel anhaften durfte [2]. Die Hesychiden, die den Hesychos als ihren Heros eponymos verehrten, setzten Priesterinnen aus ihrer Mitte ein; diese hiessen λήτειραι (Hesych. s. v.). Offenbar hatten die Hesychiden ihren Namen erhalten παρὰ τὸ μετὰ ἡσυχίας καὶ εὐφημίας ὁρᾶν τὰ ἱερά (Hesych. p. 1663. Schol. zum Soph. Oed. Col. 489 Callim. frgm. 123 Bentl.). Die heiligen Gebräuche mussten in der Nacht unter tiefstem Schweigen, bei Fackelschein vollzogen werden [3]. Die Hesychiden eröffneten den feierlichen Zug, der vom Tempel der Athena Polias [4] sei-

---

1) Vgl. darüber Urlichs Skopas S. 48 f. Alle Göttertriaden: Parzen, Grazien, Erinyen mögen um die Zeit zwischen Ol. 50 und 100 entstanden sein. Vor Ol. 80 findet sich wenigstens kein Beispiel. Das älteste ist das Relief mit den drei bekleideten Grazien in der Galeria Guistiniani II, 64, das nicht lange nach Kalamis entstanden zu sein scheint. Ueber den Gedanken, der diesen Dreiheiten zu Grunde liegt, s. O. Jahn, Peitho S. 10.

2) Demosth. adv. Mid. p. 552 R. Ulpianus zu d. St. Etym. M. p. 469. Dagegen Photios s. v. ἱεροποιοί: ἱ. τῶν Σεμνῶν θεῶν, οἳ τὸν ἀριθμόν εἰσιν ἀόριστοι.

3) Oed. Col. 489: ἄπυστα φωνῶν. 127: ἀφώνως, ἀλόγως. Schol.: παριόντες ταύτας τὰς θεὰς σιωπὴν ἔχομεν.

4) Nach der Vermuthung Wieselers Coniect. in Aesch. Eum. p. 55. Ob auch die Priesterinnen der Athene am Zug Theil nahmen, ist ungewiss. Doch s. Wieseler Adnot. ad Aesch. Eum. p. 193. Aus den Worten des Aeschylos kann man keinen Schluss ziehen, da sie den zufälligen Umständen Rechnung tragen. A. Mommsen, Heortol. S. 171 glaubt, dass das Fest der Semnen mit den Panathenaeen im Hecatombaeon verbunden gewesen sei.

nen Anfang nahm. Auf dem Wege opferten sie im Heroon des Hesychos, das zwischen der untersten Burgpforte und dem Heiligthum der Semnen lag, einen Widder (Schol. zum Oed. Col. 489. Leake Topogr. S. 257). — Sclaven durften an dieser feierlichen Procession nicht Theil nehmen; nur unbescholtene Männer und Frauen bildeten den Zug. Die edelsten der Epheben bereiteten Kuchen zum Opfer für die Göttinnen (Philo quod omn. prob. lib. §. 20). Daneben opferte man ihnen Honig mit Wasser vermischt[1]) und Milch in irdenen Gefässen. (schol. ad Aeschin. p. 747 R.) Wenn Aeschylos Eum. 108 erwähnt, dass Klytaemnestra ihnen bei Nacht Opferthiere verbrannt habe, so kann man daraus schliessen, dass dies allgemein, also auch zu Athen Sitte gewesen ist.

Dass in der Höhle der Semnen sich ein Orakel befunden habe, erfahren wir aus Euripides' Electra V. 1270 f. Doch scheint aus zwei Inschriften, die in der Nähe des Heiligthums gefunden worden sind (Köhler Hermes Bd. VI, 1. S. 106. 107), hervorzugehen, dass dieses Orakel in engerer Beziehung zu *Pluton* stand. Denn die eine besagt, der Hierophant hätte einige Männer ausgewählt „κλίνην στρῶσαι τῷ Πλούτωνι καὶ τὴν τράπεζαν κοσμῆσαι κατὰ τὴν μαντείαν τοῦ θεοῦ."

Bei den Erinyen schworen die Athener (Dinarch. c. Demosth. §. 47), und Aeschines (in Timarch. §. 178) erwähnt Gebete an die Semnen, die man im Verein mit Zeus Soter und Apollon anrief, Heil der Stadt zu senden (Diod. XIII, 102). Im Peribolos des heiligen Bezirks opferten die vom Areopag Freigesprochenen. „Aber auch andere, so sagt Pausanias I, 28, 6, opferten daselbst, Fremde und Einheimische." Endlich befand sich im Eumenidenheiligthum ein Asyl[2], besonders für flüchtige Sclaven Schol. Aristoph. Eq. 1309.

Dass der Areopag in mannigfacher Beziehung zu den benachbarten Göttinnen stand, erhellt aus vielen Bemerkungen

---

1) Schol. Oed. Col. 489. Callim. a. a. O. Schol. Oed. Col. 100: νήφων δοίνοις· νηφάλιαι καλοῦνται αἱ σπονδαὶ αὐτῶν. Als Iason und Medea mordbefleckt zur Kirke kamen, opferte diese den Erinyen πελάνους μειλικτρά τε νηφαλίξοι . . . ἐπ' εὐχωλῇσι παρίστιος, ὄφρα χόλοιο σμερδαλέως παύσειεν Ἐρινύας Apoll. Rh. IV, 712.

2) Suidas s. v. Θησεῖον. Schol. ad Arist. Thesm. 224: ἀσυλ [ον ἐνταῦθα?] εἶχον οἱ καταλαμβάνοντες τὰ ις ... τῶν ἱερειῶν [etwa τὰ ἱερὰ τῶν Ἐρινύων?).

der alten Schriftstellrr. Die Areopagiten wählten, wie wir oben sahen, die ἱεροποιοί und von den drei Tagen, an denen sie in jedem Monat, um Recht zu sprechen, zusammenkamen, weihten sie jeder Erinys einen Schol. ad. Aeschin. p. 747 R.) Die Freigesprochenen mussten auf ihr Geheiss den Göttinnen ein Sühn- und Dankopfer bringen, und Dinarchos (c. Demosth. §. 87) sagt geradezu: αὗται αἱ Σεμναὶ θεαὶ τῇ πρὸς Ὀρέστην ἐν τούτῳ τῷ συνεδρίῳ (dem Areopag) κρίσει γενομένῃ καὶ τῇ τούτου ἀληθείᾳ συνοίκους ἑαυτὰς εἰς τὸν λοιπὸν χρόνον κατέστησαν.

Zu Kolonos, einem attischen Demos, im Osten der Akademie gelegen, befand sich ein heiliger Hain der Eumeniden (Apollod. III, 5, 9), berühmt durch die herrliche Dichtung des Sophocles. Er lag zwischen den beiden Hügeln, von denen der Demos den Namen erhielt, und umschloss die Altäre der Göttinnen. Daneben sah man die Altäre des Poseidon Hippios und der Athene Hippia, ferner Heiligthümer des Oedipus und des Adrastos[1], des Theseus und des Peirithoos (Paus. I, 30, 4). Der aus Theben vertriebene Oedipus soll hierher gekommen sein, um seine endliche Entsühnung zu finden[2], unter der Führung der Göttinnen selbst, wie Euphorion berichtet[3]. Eben da soll sich auch der Zugang zur Unterwelt befunden haben, den Theseus und Peirithoos benutzten, als sie zum Orcus hinabstiegen, um die Gemahlin des unterirdischen Herrschers zu rauben (Soph. Oed. Col. 1590 f.).

Die Oedipussage hat erst verhältnissmässig spät ihren Ein-

---

[1] Als Adrastos auf dem Areion aus Theben floh, soll er hier den Lauf des Pferdes gehemmt haben; daher erklärte man die Beinamen der Götter Apollod. III, 6, 8. Etym. M. 474, 34.

[2] Androtion beim Schol. zu Od. 11, 271, der noch Heiligthümer der Demeter, der Athene Poliuchos und des Zeus in Kolonos nennt.

[3] Frg. 52 Meineke p. 121. Wenn er sagt, dass die Eumeniden mit Narkissos bekränzt gewesen seien, so beruht dies auf einem Missverständniss, welches aus Oed. Col. V. 683 entsprungen ist. Hier nennt nämlich Sophocles den Narkissos μεγάλαιν θεαῖν ἀρχαῖον στεφάνωμα. Dass die μεγάλαι θεαί aber Demeter und Persephone sind, lehrt schon der Numerus und andere Stellen (z. B. Paus. IV, 14. VIII, 31, 1). Daher gehört die ganze Stelle des Euphorion zu jenen παρακούσματα νεωτέρων ποιητῶν (Apoll. Lex. Hom. p. 115, 33), wie sie schon Aristarchos (Lehrs p. 54) gesammelt hatte. — Eustathios zur Il. p. 87 v. 25 leitet sogar νάρκισσος von ναρκᾶν ab; denn τοῦ ναρκᾶν Ἐρινύες τοῖς κακούργοις παραίτιοι.

gang in Attika gefunden, was auch Pasanias (I, 30, 4) andeutet, wenn er sagt, die attische Ueberlieferung von Oedipus streite mit der Homerischen (Il. 23, 679). Ich glaube, dass der Grundstock dieser Sagenaggregate bei Kolonos in der Ueberlieferung zu suchen sei, nach der man sich hier den Eingang zur Unterwelt dachte. Demzufolge versetzte man hierher die Altäre der Erinyen als der unterirdischen Gottheiten, und mit diesen verband sich auf natürliche Weise das letzte Schicksal des Oedipus. Der fromme Eifer der Athener, sich alle möglichen fremden Culte, von denen sie sich Heil und Segen versprachen, anzueignen, that sich auch in der Oedipussage kund. Da die Tradition mit dem Körper des Oedipus einen segensreichen Einfluss auf die Besitzer verband, liessen sie den unglücklichen König in so schön poetischer Weise auf ihrem Gebiete sterben. Deshalb konnten sie zu Athen sein Grab zeigen.

Den Eumeniden, die man auch zu Kolonos als Beschützerinnen der Fremdlinge verehrte (Oed. Col. 1010), wurden daselbst auf folgende Weise Opfer gebracht (ebd. 469 ff.) Im Heiligthum standen Mischkrüge, die man mit Wasser aus einer heiligen Quelle füllen und mit wollenen Fäden umwinden musste. Darauf spendete der Opferer nach Osten gewendet dreimal aus diesen drei Krügen, und zwar musste er den dritten ganz ausgiessen. Dieser dritte war nicht mit reinem Wasser gefüllt, sondern man mischte wie in Athen Honig dazu. Wein durfte man nicht hineingiessen[1]). Alsdann legte der Schutzflehende dreimal neun Oelzweige auf den Boden und, nachdem er mit leiser Stimme ein Gebet gesprochen, entfernte er sich, ohne zurückzublicken (Oed. Col. 489 f. 864 f. 127 f. mit Schol.). Man bediente sich der Oelblätter und des Honigwassers, um die erzürnten Gemüther der Göttinnen zu beruhigen. Deshalb war auch der Wein verboten.

Auf dem nördlichen Gipfel des kleineren Hügels, desselben, auf dem Otfried Müller ruht, liegen die Ruinen eines Klosters, welches ἅγιοι ἀκίνδυνοι hiess. Ross glaubt in diesem Namen einen Nachhall der Eumeniden zu finden.

---

1) Oed. Col. 100: νήφων ἀοίνοις. Die Notiz beim Suidas s. v. νηφαλὶς διὰ τὸ θείας δίκης ἄϋπνον ist natürlich zu verwerfen.

Ohne Zweifel war es der Hain von Kolonos, der, wie Julius Obsequens (prod. lib. c. 116) erzählt, von Mithridates verbrannt wurde. Um die erzürnten Eumeniden zu versöhnen, opferte man ihnen eine Jungfrau. Nur irrt sich Julius im Namen Mithridates. Der pontische König war nie in Griechenland; dort führte Archelaos seine Sache. Dagegen erzählt Pausanias (I, 30, 4), der merkwürdigerweise von der Verehrung der Eumeniden in Kolonos gar nichts sagt, dass der Hain des *Poseidon* — also vermuthlich derselbe — bei einem Einfall des Antigonos in Attika ein Raub der Flammen geworden sei. Beim Pausanias (I, 31, 4) finden wir noch die Notiz, dass zu Phlya, einem attischen Demos, in einem Temenos neben Altären der Demeter Anesidora, der Kore Protogone, des Zeus Ktesios und der Athene Tithrone auch solche der *Semnen* sich befunden hätten.

Aus Sikyon stammt nach dem Zeugniss desselben Periegeten (II, 11, 4) der Name der *Eumeniden*, von wo er sich allmählich über das gesammte Griechenland verbreitete und in Athen sogar durch Aeschylos eine poetische Begründung fand. In der Nähe der Stadt am Flusse Asopos stand ein Hain von Steineichen: in dessen Mitte war den Eumeniden ein Heiligthum geweiht. Jährlich wurde ihnen ein Fest gefeiert, an dem man ihnen trächtige Schafe, wahrscheinlich schwarze, als Unterweltsgottheiten, opferte. Auch bot man ihnen Honigspenden und Blumen „statt der Kränze". Aehnliche Gebräuche vollzogen die Sikyonier am Altare der Mören, der in demselben Haine stand. — Im Flusse Helissos bei Sikyon badeten einst die Eumeniden, und der Fluss, so erzählt Statius Theb. IV, 52 f.), entwich erschreckt über die „grause Ehre".

Zu Kerynea, im östlichen Theil der Küste von Achaia, hatte Orestes den Furien ein Heiligthum gegründet, nachdem er sie zuvor durch das Opfer eines schwarzen Schafes aus Erinyen zu Eumeniden gemacht hatte (Paus. VII. 25, 4. Schol. Oed. Col. 42). Wenn Jemand, der einen Mord oder irgend ein Vergehen gegen die Pietät auf dem Gewissen hatte, ihren Tempel betrat, so wurde er von Wahnsinn befallen. Deshalb durfte man nur nach vorhergegangener Reinigung den Göttinnen nahen. Im Heiligthum standen kleine Xoana der Erinyen, vor demselben aber gut gearbeitete Marmorstatuen ihrer Priesterinnen, vielleicht in ähnlicher Weise aufgestellt wie die Branchidenstatuen an dem heiligen Wege bei Milet. Es ist ungewiss, ob die Achaeer des Tisamenes oder die flüchtigen Mykeneer (Ol. 79. Diod. XI, 65) diesen Cultus hierher verpflanzt haben (Curtius Pelop. I. S. 469.).

Sieben Stadien von Megalopolis, zur Linken des Weges nach Messene stand ein Heiligthum der Erinyen, die hier den Beinamen Μανίαι trugen, weil an dieser Stelle Orestes vom Wahnsinn ergriffen worden sein sollte. Wenn man weiter ging, so traf man auf das „Fingermal" (δακτύλου μνῆμα), wo der wahnsinnige Orestes sich einen Finger abbiss. Dieser steht aus Stein gebildet auf einer mässigen Erdaufschüttung. Benachbart war ein zweites Heiligthum der Eumeniden, welches Ἄκη hiess; denn hier fand Orestes Heilung von seinem Wahnsinn (Paus. VIII, 34, 1; 2.). Es folgt — eine antike Passion mit vier Stationen — ein drittes Tempelchen, dessen Name im Text des Pausanias ausgefallen ist. Dort schor er den Göttinnen sein Haar. Von dieser Ceremonie war auch, wie Pausanias andeutet, der Name des Heiligthums abgeleitet. Während seines Wahnsinnes erschienen dem Orestes die Erinyen schwarz. Als er sich den Finger abgebissen hatte, nahmen sie diese freiwillige Strafe als Sühne an und erschienen ihm weiss. Den erzürnten Göttern opferte er, wie man den unterirdischen Gottheiten zu opfern pflegt (ἐνήγισεν ist der rituelle Ausdruck), um ihr μήνιμα d. h. das von ihnen ausgehende Zürnen abzuwenden. Nach der Sühne brachte er ihnen Opfer nach Art derjenigen, die man den oberen, den olympischen Gottheiten darbot (dies nannte man θύειν Müller Eum. S. 139, 2.). Zugleich mit den Furien wurde den Chariten geopfert. Diese sonderbare Verbindung erklärt vortrefflich Otto Jahn (Europa S. 32): „Neben den Eumeniden werden die Chariten verehrt, um die Wandlungen der Erinyen in Eumeniden als den Ausdruck huldvollen Gewährens zu bezeichnen. Denn Charis bezeichnet die allwaltende göttliche Macht, der alles, was ist, die physische und geistige Existenz verdankt, von derjenigen Seite her aufgefasst, welche dem Menschen die wohlthuendste und erfreulichste ist, dass alles was die Gottheit ihm gewährt, ihre Gabe und ihr Geschenk, der Ausfluss ihrer Gunst ist".

Pherekydes (beim Schol. zu Eur. Orest. V. 1640) dichtete,

dass Orestes vor den Furien in den Tempel der Artemis zu Ὀρεσθάσιον (Steph. Byz. s. v.) in der Landschaft Maenalia in Arkadien geflohen sei. Doch die Göttin habe die Erinyen aus ihrem Tempel vertrieben, und seit dieser Zeit heisse die Stadt Oresteion.

Zu Palaeste, einer Stadt in Epirus, soll ebenfalls eine Verehrung der Erinyen stattgefunden haben. Man will dieses aus Ovid Fast. IV, 236 herauslesen, wo der Dichter die „Deae Palaestinae" erwähnt. Obgleich dieser Cultus in jener Gegend schon an sich ziemlich zweifelhaft erscheint, wird er noch problematischer durch die Verderbniss des Ovidischen Textes an jener Stelle. Ich nehme unbedenklich die Verbesserung Merkel's an (in der Praef. zur Teubnerschen Ausgabe S. 7), der für „Palaestinas" „Meletinas" schreibt. Dies stimmt auch mit der an jener Stelle erzählten Sage. Der Fluss Meles nämlich fliesst zwischen Alt- und Neu-Smyrna und dem Berge Pagos hindurch. Zu Smyrna verehrte man besonders zwei Göttinnen, die beide den Namen Nemesis trugen. Ihr Tempel befand sich πέρην ἱεροῖο Μέλητος, wie ein klarisches Orakel den Ort bezeichnet, wo Neu-Smyrna gegründet wurde (Paus. VII, 5, 1.).

Dies sind die Orte, an denen im Alterthum eine Verehrung der Erinyen stattfand. Ausser diesen finden wir in der Beschreibung der Flüsse, die dem Plutarch zugeschrieben wird, einige Gegenden erwähnt, an die sich Erinyensagen knüpfen. Ein gewisser Phasis hatte seine Mutter getödtet, als er sie bei einem Ehebruche überraschte. Von den Furien getrieben (ὑπὸ Ἐρινύων οἰστροπλὴξ γενόμενος) stürzte er sich in den Arkturosfluss, der von ihm den Namen Phasis erhielt (Cp. 5.).

Araxes, der seinen Grossvater getödtet hatte, suchte den Tod ποινηλατούμενος ὑπ' Ἐρινύων in den Fluten des Baktros, der seitdem Araxes genannt wurde (Cp. 33.).

Der Fluss Alpheos, der früher Nyktinos hiess, veränderte seinen Namen, als sich Alpheos wegen des Mordes seines Bruders Kerkaphos von den Erinyen verfolgt (ὑπὸ Ποινῶν ἐλαυνόμενος) in seinem Wasser ertränkt hatte (Cp. 9.).

Der Berg Kithaeron heisst ebd. II, 2 ein Schlupfwinkel (μυχός) der Erinyen. Als nämlich Tisiphone, eine der Furien, in Liebe zu einem Jüngling entbrannte, und dieser von der unheimlichen Liebe nichts wissen wollte, nahm die erzürnte Göttin eine Schlange aus ihren Haaren und tödtete den Jüngling. Nach einer anderen Version ward der Kithaeron zum Erinyenwinkel, weil dort ein gewisser Kithaeron, von dem dann der Berg den Namen erhielt, seinen Vater und Bruder tödtete. Wir glauben das Richtige zu treffen, wenn wir in diesen Sagen nicht Localtraditionen, sondern *freie Dichtungen* sehen, die der Verfasser jener Schrift vielleicht aus genealogischen Epen im Stile des Hesiod erschöpfte. Jedoch ist es ebenso wahrscheinlich, dass jene mythologischen Herleitungen der Flussnamen reine Erfindungen, werthlose Spielereien der Grammatiker sind.

Sophocles sagt (Oed. Col. 42), dass die Erinyen von den Koloniaten Eumeniden genannt würden: ἄλλα δ'ἀλλαχοῦ καλά, d. h. an anderen Orten aber sind andere Benennungen gebräuchlich. Wir haben bereits gesehen, dass man sie zu Athen kaum anders als Σεμναὶ θεαὶ oder schlechtweg Σεμναὶ nannte. In Arkadien fand sich ausser dem allgemeinen Namen Erinyen auch die Bezeichnung als Μανίαι vor (Paus. VIII, 34, 2). Derselbe Pausanias berichtet auch, dass der Name Eumeniden zuerst in Sikyon aufkam [1]). Dagegen erzählen uns Harpocration s. v. Ἐρινύες, der Scholiast zum Aeschines (p. 747 R) der Scholiast zum Sophocles (Oed. Col. 42), Photios, Suidas und der Verfasser des Arguments zu den Eumeniden des Aeschylos, dass der Name der Erinyen von Athene in den der Eumeniden verwandelt worden sei, als die Furien nach der Freisprechung des Orestes durch die Areopagiten, wie Aeschylos, oder durch die zwölf Götter selbst, wie Demosthenes (c. Aristocr. p. 641) berichtet, versöhnt worden waren. Doch ist diese Erzählung ebenso wie diejenige, nach welcher der freigesprochene Orestes das Erinyenheiligthum am Areopag

---

1) Ich sehe keinen Grund, weshalb Wieseler Adnot. in Aesch. Eum. p. 226. diese Notiz des Pausanias verwirft: Er glaubt, dass der Name Eumeniden mit der Freisprechung des Orestes auf dem Areopag in Athen gebräuchlich geworden sei. Aber auch die Orestessage gehört zu den importirten. Vielleicht ist sie von den aus Achaia einwandernden Ioniern nach Athen verpflanzt worden, um den Glanz des Areopags durch einen uralten Mythos zu erhöhen.

gründete, aus der Tragödie des Aeschylos geflossen, der den zu Sikyon einheimischen Namen, wie schon oben gesagt worden, adoptirte und seine Genesis poetisch vor die Augen der Zuschauer führte.

Obwohl es keineswegs sicher ist, dass Aeschylos selbst seiner Tragögie den gegenwärtig gangbaren Titel gegeben hat, so lässt sich doch mit ziemlicher Gewissheit annehmen, dass er den Namen Eumeniden in der Tragödie selbst gebraucht hat. Dass nämlich hinter dem Verse 981 eine Lücke im Texte vorhanden ist, hat G. Hermann Opusc. II. p. 133 sq., meiner Meinung nach unwiderleglich dargethan. Die Beweisführung Hermanns hat Wieseler (Adnot. in Aesch. Eum. p. 215 s.) noch durch mehr Gründe verstärkt und zugleich die Nichtigkeit der Gegenbeweise anderer aufgedeckt. Nach seiner Meinung scheint Athene in den ausgefallenen Versen die Sache des Orestes noch einmal aufgenommen und die Furien ermahnt zu haben, dem Orestes nicht weiter zu zürnen. Sie habe ihnen den Namen Eumeniden beigelegt und den Männern von Athen aufgetragen, die Göttinnen fortan durch ein jährliches Opferfest zu ehren.

Wenn nun der Komiker Philemon (beim Schol. zum Oed. Col. 42) behauptete, dass die Semnen der Athener von den Sikyonischen Eumeniden verschieden seien, so darf man aus dieser beiläufigen Aeusserung nicht zu weittragende Folgerungen ziehen (wie Welcker gr. Götterlehre III. p. 88, 24). Vielleicht hat der Dichter nur scherzweise wie öfters bei den Komikern damit sagen wollen, die Semnen der Athener seien gänzlich verschieden von den Eumeniden, wie sie Aeschylos auf die Bühne gebracht hat. Vielleicht hat er auch, wenn wir von dieser Vermuthung absehen, einen bestimmten Cultunterschied im Sinne gehabt. Zu Sikyon opferte man, wie wir oben sahen, den Eumeniden trächtige Schafe, Honigspenden und Blumen statt der Kränze. Wahrscheinlich bestand dieser Cultus in Sikyon bereits vor der dorischen Invasion (Duncker Gesch. d. Alt. III. S. 194. 197). Denn es wird uns überliefert (Paus. II, 5. Müller zu Castor Frgm. 7), dass die Culte der Sikyonier sehr alt gewesen, und dass von ihnen zuerst das Ritual festgesetzt worden sei. Nachdem nun das Amt und die Macht der Erinyen durch Errichtung gesetzmässiger

Gerichtshöfe in den Augen des Volkes eingeschränkt worden war, wurden die verderblichen Gottheiten, um sie sich geneigt zu erhalten, von den gläubigen Griechen in milde und segenbringende verwandelt. Da man aber schon seit Homer die Unterwelt für den Sitz der Erinyen hielt, lag es sehr nahe, von ihnen Fruchtsegen zu erbitten und sie schliesslich als Göttinnen der Fruchtbarkeit zu verehren. Daher opferte man ihnen zu Sikyon trächtige Schafe. Auf *diesen* Gebrauch, der zu Athen nicht heimisch war, scheint Philemon mit seiner Bemerkung anzuspielen.

Für uns ergiebt sich aus dieser Auseinandersetzung Folgendes:

1. Eumeniden und Semnen sind weder unter sich noch von den Erinyen verschieden. Jene beiden Namen bezeichnen nur einen Fortschritt der Humanität und der Gesittung.

2. Die Erinyen sind ursprünglich keineswegs Göttinnen der Fruchtbarkeit gewesen, sondern sie wurden erst dazu gemacht, als ihr eigentlicher Wirkungskreis geschmälert worden war. Um ihren Zorn über die verlorenen Ehren und Würden nicht auf sich zu laden, um auch ihres Wohlwollens nicht verlustig zu gehen, erflehte man von ihnen auf die Felder Heil und Segen herab, den sie ja gewähren konnten, da ihr Sitz beim Pluton selbst war. Deshalb verband man in Athen, in Kolonos, in Phlya ihre Heiligthümer mit denen der Ge und des Pluton.

Vierter Abschnitt.

Die Kunstdenkmäler.

I. Der Sagenkreis des Orestes [1].

A. Die Ermordung des Aegisthos und der Klytämnestra.

a. Plastische Kunstwerke.

1. Sarkophagrelief im Museo Pio-Clementino [2]. — Die Mitte des mittelmässig gearbeiteten Reliefs nimmt Orestes ein,

---

[1] Vgl. Rathgeber, Allgem. Encyclop. III. 5. p. 114 f.
[2] Visconti Mus. Pio-Clem. V. 22. Gal. myth. 165, 619. Overbeck t. 29, 1.

der mit erhobenem Schwerte über den Leichnam der gemordeten Mutter zu seinem Genossen Pylades schreitet. Dieser eilt von seinem Opfer, dem vom Thronsessel herabgestürzten Aegisthos, hinweg dem Freunde entgegen. Hinter ihm flieht eine alte Amme (oder Dienerin) mit deutlichen Geberden des Entsetzens [1] den Ort des Schreckens. Neben der auf dem Boden ausgestreckten Herrin kauert ein Diener, der sich durch eine vorgehaltene Bank vor dem Bluträcher zu schützen sucht [2]. Aber schon erheben hinter einem Vorhang, der im Hintergrund über Hermensäulen gespannt ist, zwei Erinyen ihre schlangenumgürteten Häupter [3]. Die vordere kaum bis an die Hüften sichtbar ist mit einem ärmellosen Chiton bekleidet; sie streckt mit der Linken dem Muttermörder eine grosse sich um ihren Arm ringelnde Schlange, mit der Rechten eine brennende Fackel entgegen. Von der zweiten Furie sieht man nur Kopf und Schultern. Die Köpfe beider sind mit kleinen Flügeln versehen. Die rechte Seite des Reliefs zeigt einen Vorgang im delphischen Heiligthum. Orestes schreitet mit vorgehaltenem Schwert über eine schlafende Erinys hinweg, um auf Geheiss des Apollon sich in Athen vor den Rath des Areopag zu stellen. Die Furie sitzt schlafend am Boden; ihr langer Chiton ist von der rechten Schulter herabgesunken und lässt die rechte Brust frei. Um den linken Arm, der auf dem linken Knie aufliegt, winden sich zwei Schlangen: mit der rechten Hand umfasst sie eine gegen den Boden gekehrte brennende Fackel. Eine Gruppe von drei schlafenden langgekleideten Furien füllt die linke Seite des Reliefs. Die eine von ihnen stützt sich mit dem linken Arm, um den eine Schlange gewickelt ist, — wie es scheint, — auf einen Felsen. Zu ihren Füssen hat sich eine zweite niedergekauert; der Kopf ist ihr im Schlafe auf die Knie gesunken; der rechte Arm hängt schlaff auf den Boden herab, während der linke unter dem Kopfe auf dem linken

---

[1] Boetticher, Verz. d. Abg. ant. Werke (im Berliner Mus.) nr. 1216 sieht in dieser Gestalt „das Eidolon der Mutter." !!!

[2] Vgl. die im Ganzen mit dem Relief übereinstimmende Beschreibung eines Gemäldes bei Lucian de domo cap. 23.

[3] Catull. 64, 193: anguino redimita capillo. Vgl. Hor. Carm. II, 13, 35: intorti capillis Eumenidum angues. Aesch. Choe. 1045. Eur. Iph. T. 286 ff. Orph. Hymn. 68, 3 f. Herm.: ὀφιοπλόκαμοι.

Knie aufliegt. Eine dritte „Tochter der Nacht" schläft links im Vordergrunde in sitzender Stellung, mit dem linken Arm auf ein Doppelbeil gelehnt. — Offenbar ist die Furiengruppe hier nicht am richtigen Orte. Sie gehört auf die andere Seite des Sarkophags in den delphischen Tempel. Wahrscheinlich hat der Künstler die zusammengehörigen Gruppen getrennt, um der Hauptscene — der Ermordung des verbrecherischen Paares — auch äusserlich einen in die Augen fallenden Platz anzuweisen. Vielleicht wollte er auch nur durch diese Trennung einen gleichmässigen Abschluss auf beiden Seiten des Sarcophags, wenn auch auf Kosten der Composition, gewinnen (vgl. Benndorf Annali dell' Inst. 1865 p. 236).

Aus mehreren Reliefbruchstücken [1], welche einzelne Scenen des beschriebenen Sarcophags wiedergeben, lässt sich mit grosser Wahrscheinlichkeit auf ein im Alterthume berühmtes Original schliessen. Doch gewinnt man aus den vorhandenen Notizen, in denen uns Kunstwerke ähnlichen Inhaltes überliefert sind, kein sicheres Resultat. — Das Gemälde, welches uns Lucian de domo cp. 23 beschreibt, bietet im Einzelnen gewisse Uebereinstimmungen. Von den Erinyen sagt er nichts. „Den Mord der Klytämnestra und des Aegisthos durch Orestes" stellte ferner, wie uns Plinius N. H. 35, 144 berichtet, ein Gemälde des Theoros dar. Denselben Gegenstand behandelte auch der Samier Theon [2]. Ich bezweifle, dass auf diesen Gemälden die Furien sichtbar gewesen sind. Die Künstler

---

1) a. Gal. Giustimani t. 150, die verbundenen Seitenflächen ebendas. vgl. O. Jahn Arch. Zeitung 1844 p. 367. Anm. 4. — b. Mus. Chiaramonti: R. Rochette Mon. inéd. t. XXV, 2. 'die Furie am Dreifuss ist mit einer Bipennis bewaffnet.' = Pistolesi, Il. Vat. descr. IV, 53. — c. Louvre: Clarac. pl. 165 no. 398. — d. Villa Pincia: Böttiger Furienmaske s. 77. — e. Louvre: Clarac. pl. 202. — f. Ein schöner geschnittener Stein in Wien: Eckhel, Choix de p. gr. XX. p. 48—51. Gal. myth. 172, 620. — Das Relief im Museum von Neapel abg. R. Rochette Mon. Inéd. pl. 32, 2) ist erst durch starke Ergänzungen aus einem das Palladion raubenden Diomedes zu einem Orestes im delphischen Heiligthum mit der schlafenden Erinys geworden (vgl. Annali 1855 S. 235).

2) Plut. de aud. poet. 3. Ich kann der Beweisführung Brunns, welcher (Künstlergesch. II. S. 255) den Theoros und den Theon zu identificiren sucht, nicht beistimmen. Vgl. dagegen Blümner Arch. Studien zu Lucian S. 60.

werden sich die günstige Gelegenheit nicht haben entgehen lassen, die mit einander streitenden Gefühle, welche im Herzen des Orestes bei der unseligen That zum Ausbruch kamen, auch in den Mienen des Mörders wiederzugeben, nicht ihn als blindes Werkzeug von aussen wirkender Mächte hinzustellen. Von Theon berichtet Plinius weiter, dass er auch die „insania" des Orestes gemalt habe. Blümner vermuthet darunter, meiner Meinung nach nicht mit Unrecht, die Flucht des Muttermörders vor den verfolgenden Furien.

2. Sarkophagrelief im Palazzo Circi[1]). Pylades dringt von der linken Seite auf den thronenden Aegisthos mit dem Schwerte ein, während von rechts Electra eine Bank gegen den ruchlosen Usurpator erhebt. Hinter Pylades erscheint eine Furie, welche mit einer Geissel, die sie in der rechten Hand trägt, ihn zur raschen Vollstreckung seiner That anzufeuern scheint[2]). Sie ist mit einem bis auf die Füsse herabfallenden, unter der Brust gegürteten Chiton und mit einem über den Rücken herabwallenden Mantel bekleidet. Ein Diener und eine Dienerin (oder Chrysothemis?) fliehen nach links gewendet.

Vergebens sucht — auf der anderen Seite des Reliefs — die bejahrte Amme den herbeistürmenden Orestes aufzuhalten; er zückt schon den Mordstahl gegen die entblösste Brust der vor ihm knieenden Mutter. Hinter dieser erscheint mit halbem Leibe eine zweite Furie, ebenso wie die erste bekleidet, aber noch heftiger erregt. Ihr Mantel bauscht sich im Bogen hinter dem Rücken, mit der rechten Hand schwingt sie eine Geissel, um den Rächer zu rascher That anzutreiben, zugleich auch

---

1) Visconti Mus. Pio-Clem. IV. t. A. Gal. myth. 165, 615. Overb. 28, 9; am besten: Mon. dell' Inst. VIII, 15. vgl. Benndorf, Annali 1865 S. 223 ff.

2) Derjenige, welcher die Blutrache an dem Mörder nicht vollzieht, verfällt ebenso der Geissel der Furie als der Mörder selbst. Vgl. Aesch. Choe. 275 f. — Eine Furie mit einer Geissel auch auf dem Relieffragment bei Visconti Pis-Clem. V, 1. Vgl. Verg. Aen. VI, 570: ultrix accincta flagello Tisiphone. Val. Flacc. VIII, 20: tortum flagellum. Nonn. Dion. 44, 260: ἐχιδνήεσσαν ἱμάσθλην. Fronto p. 241 ed. Rom. p. 142 Nieb.: histriones quom palleolatim saltant, caudam cycni, capillum Veneris, Furiae flagellum eodem pallio demonstrant.

bereit nach vollbrachter That ihn ruhelos zu verfolgen. Von rechts eilt ein Diener mit einem Gefässe herbei, das ihm der Zufall als Waffe bot, seine Gebieterin zu vertheidigen. — An jeder Ecke des Sarkophags steht an Stelle von Karyatiden [1] dem Sinne der Darstellung gemäss eine Furie im langen gegürteten Chiton mit Jagdstiefeln bekleidet. Die eine von ihnen hält in der linken, die andere in der rechten Hand eine Fackel. Alle vier Furien sind an den Köpfen mit je zwei kleinen Flügeln versehen.

3. Sarkophagrelief im Museum des Lateran [2]. Auf der linken Seite des Reliefs scheint Orestes von Pylades begleitet dem aus einer Grabesthür herausgetretenen Schatten des Agamemnon Rache zu schwören. Neben dem Schatten sitzt am Boden eine schlafende Furie [3] mit Tunica, Mantel und Schnürstiefeln bekleidet; neben ihr liegt als furchtbare Waffe die *Doppelaxt*. — Auf dem Mittelbilde sind die unseligen Opfer den Streichen des Rächers bereits gefallen. Dieser vertheidigt sich mit dem Schwerte gegen die andringenden Furien. Die eine von ihnen in gegürteter Tunica bedroht ihn mit einer grossen Schlange; von der zweiten erscheint nur der Kopf und eine Fackel oberhalb eines im Hintergrunde ausgespannten Vorhangs. Der dritte Act dieser Tragödie spielt — wie auf Nr. 1 — in Delphi. Orestes schreitet über eine schlafende Furie hinweg, welche auf den rechten Ellenbogen gestützt am Boden liegt. Sie ist mit einer gegürteten Tunica und Schnürstiefeln bekleidet; die rechte Schulter und ein Theil der Brust sind vom Gewande entblösst; in der rechten Hand hält sie einen Stab; in ihrem Schoosse windet sich eine

---

[1] Wie häufig Horen, Eroten: Cod. Pighian. f. 301. Jahn, Ber. d. sächs. Ges. 1852 S. 47. Gerhard Ant. Bildw. 75, 2; ein Satyr und eine Bacchantin ebend. 88, 4; die Dioskuren Lasinio Scult. d. Campo Santo 91, vgl. ebend. 21, 121, 93.

[2] Benndorf und Schöne no. 415. L. Grifi, Intorno ad un sepolcro disotterato nella vigna del conte L. Argoli Roma 1840. Preller Berichte der sächs. Ges. d. W. 1850. T. II. Annali dell' Inst. 1865 S. 230—233. 337—339.

[3] Nicht, wie Preller meint, die Erinys des Atridenhauses, sondern einfach die des Agamemnon nach Aesch. Choe. 280: προσβολὰς Ἐρινύων ἐκ τῶν πατρῴων αἱμάτων τελουμένας; und Hom. Il. XV, 204.

Schlange. Auf der rechten Seitenfläche des Sarkophags sitzt eine Furie von furchterregendem Aussehen mit struppigen Haaren, in gegürtetem Gewande und mit einem Mantel bekleidet; die linke Hand stützt sie auf eine Schlange, die sich in graunvollen Windungen vom Boden erhebt; in der rechten führt sie ihr schreckliches Wahrzeichen — eine brennende Fackel. Ihr gegenüber steht ein knorriger Fichtenbaum, mit dürren Aesten — ein wirksames Seitenstück zu der düsteren Tochter der Nacht. — Auf der anderen Seitenfläche waltet Charon seines Amtes. Er nimmt die Schatten der Gemordeten in sein Fahrzeug auf. — An den Augen des Agamemnon, an den Fackeln der Furien und an den Schlangenhäuptern entdeckte man noch Spuren rother Farbe.

4. Ein Relieffragment vom Apollotempel in Trier erhalten in einer Zeichnung bei Wiltheim, Luciliburgiensia sive Luxemburgum Romanum tab. 12, 32. Derselbe berichtet darüber p. 129 folgendes: „Tradit Browerus saxorum priscae illius molis (des Palatiums und des Apollotempels) bonam partem Mansfeldium in Hortos suos Luciliburgum advehi curasse, unde unum repraesentabo, in quo duo simulacra *gladiatorum*". Das letztere ist ein Irrthum. Der vermeintliche Gladiator ist Orestes, unbekleidet bis auf eine Chlamys, die um seinen Rücken flattert, mit der linken Hand sein Schwert ausstreckend. Eine Furie mit kurzem Chiton und fliegendem Mantel bekleidet — ihre rechte Schulter ist entblösst — geht ihm voran; sie scheint ihm mit einer Fackel gleichsam den Weg zu weisen. Es ist dies entweder ein Fragment eines Sarkophags oder aber eine Copie *einer* Scene aus einer grösseren Darstellung, die sich vielleicht einer gewissen Beliebtheit erfreute.

b. Vasenbild.

5. Eine Amphora aus Vulci (abg. bei Welcker, Alte Denkm. V. T. 18. S. 287 ff. = Mon. dell' Inst. V, 56. Annali 1853 S. 272 ff.) Die vordere Seite zeigt die Ermordung des Aegisthos durch Orestes und Electra im Beisein des Pylades. Auf der Rückseite erscheint der Schatten (das εἴδωλον)[1] der

---

[1] Das εἴδωλον des Getödteten, welches mit den Furien den Mörder verfolgt, ist ein Product der Gewissensqualen, welche dem Verbrecher das

Klytaemnestra von *drei* Erinyen begleitet. Sie sind mit einem bis auf die Füsse reichenden Chiton bekleidet, über den ein wenig kürzeres Himation geworfen ist. Die Arme der dritten Furie sind vom Mantel umwickelt[1]. Dieses Gefäss scheint mir dem Stile nach zu urtheilen das älteste mit Erinyendarstellungen zu sein. Dasselbe aber mit Welcker (a. a. O. S. 291) in die Zeit vor Aeschylos zu setzen, ist meines Erachtens irrig. Denn Aeschylos hat zuerst nach dem einstimmigen Zeugniss der Alten die Verfolgung des Orestes durch seine gewaltige Eumenidentragödie zum Gemeingut des Volkes gemacht. Dass aber die Vasenfabrikanten im reinen Interesse ihres Geschäfts sich vorzugsweise an populäre Vorstellungen hielten, liegt auf der Hand.

B. *Die Flucht des Orestes*[2].

6. Auf einem unteritalischen Krater (Millingen Vases Cogh. 29, 1. Rathgeber a. a. O. 117, 7. Stephani Compte-Rendu 1863, S. 254) verfolgt eine geflügelte Furie mit Schlangen im Haar und in der linken Hand den fliehenden Mörder. Bekleidet ist sie mit einem kurzen gegürteten Chiton, der durch Kreuzbänder über der Brust befestigt ist.

7. Amphora aus der Basilicata im Museum von Neapel[3]. Orestes flieht, die rechte Hand mit dem Schwerte vorgestreckt,

---

Bild seines Opfers unaufhörlich vor die Seele rufen. — Das εἴδωλον sehen wir auf zwei Vasen:
   a) aus Canosa München no. 810. Arch. Ztg. 1847. T. 3: das εἴδωλον des Aeetes.
   b) R. Rochette M. Inéd. pl. 36 der Klytämnestra.

1) Von dieser sagt Welcker Annali p. 292 schön: „La maniera con cui l'ultima delle tre sorelle poggia i due piedi non è probabilmente priva di significato et indica forse la posizione ferma ed immancabile d'una *Aletto.*" Die struppigen Haare der Furie ringeln sich wie kleine Schlangen.

2) Auf einer Lampe bei Passeri Luc. fict. II. 101 p. 66 s. erblickt man einen Mann, der sich mit einem Schwerte gegen 2 Frauen vertheidigt. Ich halte sie mit Stephani Compte R. 1863 S. 219 für Bacchen.

3) Heydemann Neapler Vasencatalog No. 1984. — Ders. Arch. Ztg. 1867 S. 54. R. Rochette M. J. pl. 36. Overbeck 29, 2. Müller-Wieseler II, 74, 955. Auf der Rückseite weiht Orestes nach vollbrachter That dem Apollon sein Schwert.

von zwei Furien umringt. Die eine folgt, die andere schreitet voran, den Muttermörder in rastloser Flucht durch Länder und Meere treibend[1]. Die vorangehende ist bekleidet mit einem langen bis auf die Füsse reichenden Chiton, welcher rechte Schulter und Brust frei lässt. In der rechten Hand führt sie eine Schlange, in der linken einen Spiegel, in welchem man das gekrönte Haupt der Klytemnaestra (ihr εἴδωλον) erblickt. Die zweite Furie trägt einen langen Doppelchiton und ein Himation, das von der Schulter herabhängt. Ihre entblössten Arme sind von Schlangen umwunden. Die Füsse beider sind beschuht.

C. *Der schutzflehende Orestes im Tempel des delphischen Apollon.*

8. Vase der Hamilton'schen Sammlung (Tischbein III, 32. Böttiger Furienmaske T. III. S. 85 = Kl. Schriften I. T. VI. S. 211. Overbeck 29, 10. S. 707.). Auf den Orestes, der mit vorgehaltenem Schwerte zum Altar des Apollon flieht, stürzen zwei Furien von verschiedenen Seiten los. Eine jede bedroht ihn mit zwei Schlangen (serpentes cristati), die um ihre nackten Arme geschlungen sind. Die „eilenden" Jungfrauen (ὁρομάδες Eurip. Or. 318) von zwar ernstem, aber schönem Aussehen sind mit dem kurzen Jägergewande bekleidet; ihre Haare sind von Binden umschlungen. Es ist dies Gefäss bei weitem das schönste von allen erhaltenen mit Erinyendarstellungen, vorausgesetzt, dass der grössere Theil dieser Schönheit nicht dem Griffel Tischbein's zuzuschreiben ist, in dessen Zeichnung allein das Bild erhalten ist.

9. Unteritalisches Gefäss im britischen Museum (? abg. bei d'Hancarville, Collect. of antiq. t. 30. 31. Inghirami Gal. Om. III, 11. Rathgeber a. a. O. S. 117. 2.) — Orestes auf dem Omphalos knieend vertheidigt sich mit gezücktem Schwerte gegen zwei Erinyen im gleichem Costüm wie auf Nr. 7. Ihre Gewänder werden von Spangen auf den Schultern zusammengehalten, ihre Füsse sind unbekleidet. Die eine von ihnen trägt eine, die andere zwei brennende Fackeln, aus ihren Haaren züngeln Schlangen hervor.

---

[1] Aesch. Eum. 75: ἐλᾶσι γάρ σε καὶ δι' ἠπείρου μακρᾶς βιβῶντ' ἀν' ἀεὶ τὴν πλανοστιβῆ χθόνα ὑπέρ τε πόντον καὶ περιρρύτας πόλεις.

10. Vase der Sammlung Jatta in Ruvo Cat. 1499. R. Rochette M. J. Pl. 76, 8. Mon. dell' Inst. IV, 21. Annali 1846 S. 227). Orestes auf dem Omphalos hält mit der einen Hand sein blosses Schwert, in der anderen die Scheide wie zum Schutze vor sich. Eine Furie im gegürteten Jägerchiton mit nackten Füssen eilt auf ihn zu, eine Fackel und eine Schlange in den Händen. Auf der anderen Seite flieht die *Pythia* mit dem grossen Tempelschlüssel entsetzt davon.

11. Unteritalisches Vasenbild in Petersburg (Cat. Nro. 349. Compte-Rendu, 1863 t. VI, 5. S. 252 ff. Stephani. Cat. Campana XIV, 4). Wenig sorgfältige Zeichnung mit verschiedenen Farben, vielleicht mit Stephani in das Ende des dritten Jahrhunderts zu setzen. Orestes umklammert schutzflehend den Omphalos in einer Aedicula, um welche fünf schlafende Furien sich gelagert haben [1]. Sie sind mit kurzen Chitonen bekleidet, ihre Füsse sind bloss; ihr Haupthaar ist kurz und struppig. Zwischen ihnen liegen *Stäbe* am Boden, die den vom Schlafe Ueberwältigten aus den Händen gefallen sind. Die Gewänder der Erinyen sind gelb gemalt; das Gesicht und die entblössten Körpertheile sind *schwarz* [2]. Auf der rechten Seite der Darstellung sehen wir die entsetzte Pythia mit ausgebreiteten Armen und Füssen fliehen [3]. Mit Recht erkennt man in diesem Bilde eine Darstellung des Prologs der Eumeniden V. 35—61, was auch Stephani dagegen einwenden mag. Er vergisst, dass die griechischen Vasenmaler keine Illustrateure im modernen Sinne waren. Im Vergleich mit diesen könnte man sie eher nachdichtende Künstler nennen, die sich nicht sklavisch an die Worte des Dichters hielten, sondern dieselben in ihrem Geiste

---

[1] Vgl. Himerii ecl. IV, 20, der von dem Hause eines Frevlers sagt: περικάθηται ταύτην Ποινῶν καὶ δαιμόνων ἀλαστόρων στρατόπεδον. Ovid. Met. IV, 490.

[2] Als die Erinyen noch nicht versöhnt waren, sollen sie dem Orestes schwarz erschienen sein. Paus. VIII, 34, 3. Vgl. Aesch. Sept. 956: μέλαιν' Ἐρινύς; 680: μελαναιγὶς Ἐρινύς. Agam. 739: μελαίνας Ἄτας. Eur. Or. 311: μελαγχρῶτες Εὐμενίδες. *Schwarze* Furien auf Vasenbildern:
  a. Müller-Wieseler II. n. 957. s. u. No. 28.
  a. Neapel No. 3249, unten No. 19.
  c. Neapel No. 2463, unten No. 61.

[3] Aesch. Eum. 38: τρέχω δὲ χερσίν, οὐ ποδωκίᾳ σκελῶν.

umbildeten und den Gesetzen ihrer Kunst gemäss wiedergaben. Man darf überdies nie vergessen, dass die griechischen Vasenmaler keine Künstler waren, sondern nur Kunsthandwerker, die wahrscheinlich [1] nach Vorlegeblättern bedeutender oder unbedeutender Maler, wie sie ihnen gerade zur Hand waren, arbeiteten.

12. Unteritalisches Gefäss in der Sammlung Cotugno (Heydemann Bullet. dell'Inst. 1868 S. 158. abgb. auf der dieser Schrift beigegebenen Tafel nach einer Durchzeichnung des Hrn. Dr. Heydemann). Orestes, mit dem linken Fusse auf den Altar gestützt, erwartet mit gezücktem Schwerte den Angriff einer *geflügelten* Erinys, die von links mit Schlange und Fackel herbeieilt. Sie ist mit einem bis über die Knie reichenden Chiton, der über den Schultern mit Spangen befestigt die Arme frei lässt, und mit Jagdstiefeln bekleidet. Hinter Orestes steht sein göttlicher Beschützer, *Apollon*, in der linken Hand einen Lorbeerstamm, in der rechten einen Bogen haltend.

13. Unteritalisches Gefäss (Cat. Camp. IV. 16. Stephani Compte-R. 1863 S. 260). Orestes zum delphischen Altar geflüchtet wird von Apollon gegen eine geflügelte Erinys geschützt, die in jeder Hand eine Schlange vorstreckend herbeieilt.

14. Campanisches Vasenbild in Kopenhagen (Birket-Smith Katalog No. 217. Thorlacius Vas pictum Italico-Graecum etc. Hav. 1826. Müller-Wieseler II, 13, 148). Orestes vor dem Omphalos und dem Dreifuss neben dem Lorbeerbaume hockend vertheidigt sich mit gezücktem Schwerte, den linken Arm in die Chlamys gewickelt, gegen zwei Furien. Diese sind mit langen gegürteten Gewändern und Jagdstiefeln bekleidet, die eine trägt eine Fackel, die andere zwei Schlangen. Hinter Orestes steht Apollon.

15. Apulisches Gefäss in Petersburg (No. 1734. abg. Stephani Compte-Rendu 1863 S. 213). Eine geflügelte Erinys, welche gegen den auf dem Altare knieenden Orestes losstürmt, wird von Apollon aufgehalten. Sie ist mit einem kurzen kaum

---

[1] Es lässt sich über diesen Punkt nicht eher mit Sicherheit entscheiden, als bis der vorhandene Vasenvorrath kritisch gesichtet und zusammengestellt ist, und bis alle Vasenbilder von Bedeutung in genauen Abbildungen zugänglich gemacht worden sind.

bis über die Hüften reichenden Chiton bekleidet; ihre Füsse sind nackt. Der Hals ist mit einem Perlenbande geschmückt. Ihre struppigen Haare ringeln sich wie Schlangen; doch ist ihr Antlitz von ernster Schönheit. — Auf der rechten Seite sieht man die fliehende Pythia.

16. Vasenbild am Halse einer unteritalischen Amphora in Petersburg (No. 523. Minervini Bull. Nap. II, 7). In der Mitte der Darstellung kniet Orestes auf dem Altare mit gezücktem Schwerte. Rechts von ihm wendet sich Apollon an eine Erinys im kurzen gegürteten Chiton mit Kreuzbändern, welche in der rechten Hand eine *Lanze* führt. Aus ihren Haaren züngeln zwei gelbe Schlangen empor: zwei andere sind an ihren Schultern befindlich; eine vierte grössere windet sich um ihren linken Arm. Hinter ihr sitzt auf erhöhtem Orte eine zweite gleich gekleidete Erinys, in jeder Hand eine Fackel tragend. Von links stürzt eine dritte Furie, die mit Jagdstiefeln bekleidet ist, mit einer Fackel auf den Orestes los. Eine vierte, gleichfalls mit einer Fackel bewaffnet, taucht hinter der letzteren aus dem Erdboden empor.

17. Apulische Amphora in der Nähe von Celia (j. Ceglie) gefunden, im Berliner Museum (No. 1003. R. Rochette, M. J. Pl. 35. Overbeck 29, 4. Lübbert Annali 1865 S. 125). Unser Bild befindet sich am Halse des Gefässes. Der unglückliche Sohn des Agamemnon kniet mit gezücktem Schwerte vor dem Omphalos des Apollon, während der Gott in heiterer Ruhe auf seinem Dreifusse sitzt und einer hereinstürzenden geflügelten Furie den Zutritt verwehrt. Sie schwingt in der linken Hand eine Fackel, in der rechten ein kurzes Schwert. Rechts fliehen zwei Priesterinnen den Anblick der grausen Rachegöttin.

18. Amphora im Besitze des Herzogs Cambacerés (de Witte Bullet. dell' Inst. 1869. S. 144). Orestes auf dem Omphalos kniend vertheidigt sich gegen eine geflügelte Erinys im gegürteten Chiton. Unterhalb der Furie sitzt eine Frau auf einem Felsen, die de Witte für die Pythia oder die Nymphe von Delphi oder gar für die Nemesis erklärt. Auf der rechten Seite steht Apollon.

19. Thongefäss aus Ruvo im Museum von Neapel (No. 3249. O. Jahn Vasenbilder T. 1). In der Mitte des Bildes kniet Orestes am Omphalos. Nach links flieht die Pythia. Vor ihr steht Apollon, der eine von oben herabkommende Eri-

nys von Orestes fern hält. Die Erinys ist völlig *schwarz*; sie erscheint im gewöhnlichen Jägercostüm und trägt in der Hand eine Schlange. Die rechte Seite nimmt *Artemis* ein.

20. Unteritalisches Gefäss abgb. Mon. dell' Inst. IV, 48. de Witte Ann. 1847. Overbeck T. 29, 7. Feuerbach Nachgel. Schr. IV T. 2. Arch. Ztg. 1860 T. 138, 2). — Orestes sitzt auf dem Altare vor dem Omphalos. Hinter ihm steht Apollon in der Linken einen Lorbeerzweig haltend; mit der rechten Hand hält er das Sühnferkel über dem Haupte des Schutzflehenden. (Vergl. Aeschyl. Eum. V. 279 f.) Auf der linken Seite werden zwei schlafende Erinyen vom Schatten der Klytaemnestra erweckt, um ihres Amtes zu walten. (Vgl. Eum. V. 97 ff.) Eine dritte Erinys taucht mit halbem Leibe aus dem Boden empor. Alle drei sind mit geschürzten Chitonen, die von Kreuzbändern gehalten werden, und mit Jagdstiefeln bekleidet. Ihre Arme sind mit Spangen geschmückt. Hinter Apollon steht Artemis, die von Mitleid ergriffen auf den Verfolgten blickt. Sehr fein bemerkt Feuerbach a. a. O. S. 78, dass die Stirnen aller Figuren des Bildes voller Runzeln sind, mit Ausnahme des göttlichen Geschwisterpaares, die von menschlichem Leid und Drangsal als olympische Götter frei sind.

21. Nolanische Hydria im Berliner Museum (No. 2166. H. Heydemann Arch. Ztg. 1867 S. 50 ff. T. 223). Orestes auf dem Altare knieend schützt sich mit seinem Mantel wie mit einem Schilde vor zwei Erinyen, welche von rechts herbeieilen. Die ihm zunächst befindliche ist mit einem kurzen Chiton und darüber mit einer Art von Panzer aus Leinen oder Leder bekleidet. Die andere trägt einen bis auf die Füsse reichenden Chiton. Beide tragen in der einen Hand eine grosse Schlange; Schlangen sind auch tänienartig um ihre Häupter geschlungen. Ihre Füsse sind unbeschuht. — Links sitzt Apollon, hinter ihm etwas höher Artemis.

22. Unteritalisches Gefäss zuerst von Millin Mon. Inéd. I, 29 veröffentlicht. (auch Gal. Myth. 171, 623. Overbeck T. 29, 9.). — Orestes vor dem Omphalos knieend wendet sich zu *Athena*, welche ihm ihren Schutz zu versprechen scheint. Links steht Apollon, der einer verfolgenden Erinys befiehlt, den heiligen Ort zu verlassen. Diese ist mit einem reich gestickten kurzen Aermelchiton mit Kreuzbändern und mit Jagd-

stiefeln[1]) bekleidet. Grosse Flügel (von denen nur einer aus Gedankenlosigkeit oder Flüchtigkeit des Handwerkers gemalt ist) wachsen aus ihren Schultern hervor. Eine gewaltige Schlange umwindet ihren Leib und erhebt sich noch über ihrem Haupte. Oberhalb des Dreifusses, der hinter dem Omphalos steht, erblickt man eine zweite Erinys, von der nur der Oberkörper aus Mangel an Raum sichtbar ist. In derselben Weise wie die Schwester gekleidet streckt sie mit der linken Hand eine Schlange vor; Schultern und Haare sind gleichfalls mit Schlangen versehen; die Flügel fehlen ihr. In den Brustbildern links und rechts in den Ecken des Bildes erkenne ich Pylades und den Schatten der Klytämnestra, beide wie häufig auf Vasenbildern nicht in ganzer Figur, weil es der Raum nicht gestattete.

23. Kurz erwähnt wird im Bull. dell' Inst. 1853 S. 165 ein Vasenbild mit Orestes vor dem Omphalos und einer verfolgenden Erinys.

24. Auf einer Vase im Museum Jatta zu Ruvo Catalog No. 1494 (Bullet. dell' Inst. 1836 S. 117) verfolgt eine langbekleidete Erinys in der einen Hand eine, in der anderen zwei Schlangen tragend den Orestes, welcher zum Omphalos geflüchtet ist. Rechts sitzt Apollon. (Vgl. die Abbildung am Schlusse dieser Schrift)[*]).

D. Die Freisprechung des Orestes auf dem Areopag[2]).

25. Das corsinische Silbergefäss im Jahre 1741 im Hafen von Antium (Porto d'Anzo) gefunden. Die Form ist die eines Kantharos. Die Ciselirung ist von mässigem Verdienste (abgb). Winckelmann Mon. Ined. T. 151. Millin G. Myth. 171, 624. Michaelis das corsinische Silbergefäss Leipz. 1859. T. 1).

---

[1] ἐνδρομίδες. So ungefähr mag Euripides seine δρομάδες auf die Bühne gebracht haben.

[*] Die Zeichnungen zu dieser und den beiden anderen Abbildungen verdanke ich der Güte des Herrn Dr. Heydemann.

[2] Demosth. c. Aristocr. p. 641: ἐν δ' οὖν ἰδιαίτατον πάντων καὶ σεμνότατον τὸ ἐν Ἀρείῳ πάγῳ δικαστήριον .... ἐν μόνῳ τούτῳ τῷ δικαστηρίῳ θεοὶ δίκας φόνου καὶ δοῦναι καὶ λαβεῖν ἠξίωσαν καὶ δικασταὶ γενέσθαι διενεχθεῖσιν ἀλλήλοις, ὡς λόγος· λαβεῖν μὲν Ποσειδῶν ὑπὲρ Ἁλιρροθίου τοῦ υἱοῦ παρὰ Ἄρεως, δικάσαι δὲ Εὐμενίσι καὶ Ὀρέστῃ οἱ δώδεκα θεοί.

Athene und eine Furie stehen zu beiden Seiten eines Tisches, auf welchem das Gefäss (κάδος, κάδισκος oder καλπίς) steht, welches zur Aufnahme der Stimmtäfelchen bestimmt ist. Athene wirft gerade den freisprechenden Stein in die Urne. Hinter der Furie steht Orestes, mit ängstlicher Miene den Ausgang erwartend. (Michaelis hält diese Figur für den Ankläger). Hinter Athena sitzt auf einem Felsen nach der gewöhnlichen Annahme eine zweite Furie (Winckelmann: Erigone, die Tochter des Aegisthos, welche nach dem Marmor Parium die Anklage führte; Michaelis: Orestes). Von dieser Figur sind Pylades und Electra, welche gespannt den Gang der Angelegenheit beobachten, durch eine Sonnenuhr getrennt. Die anklagende Furie ist bekleidet mit einem langen ärmellosen Chiton (μονοχιτὼν ποδήρης), der am unteren Rande mit Franzen besetzt ist. Um ihre Hüfte ist ein breiter Gürtel geschlungen, der vorn in einen Knoten zusammengebunden ist. Im linken Arme hält sie eine Fackel: mit den Händen breitet sie eine Rolle, wie es scheint die Anklageschrift, vor der Göttin aus [1].

Von zwei Seiten eines im Palazzo Giustiniani aufbewahrten Sarkophags (vgl. oben S. 47, 1), die jetzt zu einer Platte vereinigt sind, bietet die eine Seite die Mittelscene des Silberbechers. Die Furie, dem Anscheine nach bekränzt, steht mit zwei Rollen in den Händen am Tische, an dessen anderer Seite Athena das freisprechende Urtheil fällt. (abgb. Gal. Giust. T. 132. Michaelis a. a. O. T. II, 2.).

Durch diesen Urtheilsspruch wurde jedoch nur ein Theil der Erinyen versöhnt. Der andere hörte nicht auf, den Unglücklichen zu verfolgen. Dieser begab sich darauf von Neuem nach Delphi, um daselbst seinem qualvollen Leben ein Ende zu machen, wenn Apollo nicht einen neuen Rath zur endlichen Entsühnung ertheilen würde (Eurip. Iph. T. 940—982.)

---

[1] Eur. Or. 963: πρέσβειρ' ἥπερ ἦν Ἐρινύων. Verg. Aen. III, 252: maxima Furiarum. — Man vergleiche in Bezug auf den Becher Plin. 33, 156: Zopyrus qui Areopagitas et iudicium Orestis in duobus scyphis HS. XII. aestimatis (caelavit. — Das Vasenbild auf einer Hydria aus der Krim (abg. Compte-Rendu 1860 T. V.), von Stephani auf die Freisprechung des Orestes durch Athene in Gegenwart von Hermes, Ge und fünf „Semnai" erklärt, gehört nicht hierher, sondern in den Mythos des Kadmos. Die fünf Frauen sind durch nichts als Eumeniden characterisirt. Vgl. H. Heydemann Arch. Zeit. 1871. S. 35 ff.

Diese dritte „Theorie". — wie sich Bötticher (Arch. Ztg. 1860 S. 65.) sehr passend ausdrückt — finden wir auf einem
26. Gefässe aus Neapel in der Vaticanischen Bibliothek (abgb. R. Rochette M. J. Pl. 38. Arch. Ztg. 1860. T. 137, 4. Overbeck, T. 29, 8). Den auf dem Altare knieenden Orestes umstehen Athene, Apollo und eine *Nike*, die auf den im Areopag errungenen Sieg deutet. Von oben rechts zückt eine Erinys gegen den Schutzflehenden eine Lanze. Sie trägt ausser dem gewöhnlichen Jägercostüm noch einen Mantel, der um beide Arme geschlungen sich hinter ihrem Rücken bauscht. Sie gehört, wie Bötticher richtig bemerkt, zu denjenigen Furien, ὅσαι οὐκ ἐπείσθησαν νόμῳ, sondern fortfuhren, ihr Opfer zu verfolgen (Eur. Iph. T. 970.)

Erst mit der Rückkehr der Iphigenie fand Orestes seine Ruhe. Den

E. *Zug nach Tauris*

stellt ein

27. Sarkophagrelief im Palazzo Acoramboni zu Rom dar (abgb. Winckelmann Mon. Ined. 149. Millin G. M. 171 bis 626.). Erste Scene: Orestes und Pylades werden von einem Skythen gefesselt der Iphigenie zur Opferung zugeführt. Zweite Scene: Pylades sucht den Freund, der von den „Stacheln der Erinyen" (οἴστροις Ἐρινύων Eur. Iph. T. 1456) ermüdet zusammengesunken ist, mit den Händen aufrecht zu erhalten. Hinter einem Felsvorsprunge erscheint eine schlangenhaarige Furie im geschnürten ärmellosen Chiton mit dem rückwärts flatternden Mantel bekleidet, in der einen Hand eine Fackel haltend, um die sich eine Schlange windet, in der anderen eine *Geissel* schwingend. Dritte Scene: Die Flucht des Orestes und Pylades mit der befreiten Iphigenie zum Schiffe und die verfolgenden Skythen.

28. Campanische Hydria im britischen Museum (No. 1362. Hancarville II, 41. Müller-Wieseler II, 957. Vgl. O. Jahn Einleitung zur Münchener Vasensammlung Anm. 1410).

Auf einem Altare hockt ein Mann mit aufwärts gezogenen Knieen und auf den Rücken gebundenen Händen. Ueber seinem Kopfe liest man ΑΓΡΙΟΣ. Aus dem Erdboden steigt eine Erinys mit weissen Flügeln und einem schwarzen von einem weissen Gürtel umschlungenen Chiton mit halbem Leibe empor. Zwei Schlangen ringeln sich in ihren Haaren, eine dritte und vierte umwinden ihre Arme. Ihr Gesicht ist durch eine auffallend gekrümmte Nase verunstaltet (vgl. O. Jahn Arch. Beitr. S. 424, 33.). — Von der linken Seite naht ein Jüngling, der nach einem Greise zurückblickt, welcher von einer Jungfrau herbeigeführt wird. — Ich enthalte mich jeder Deutung dieser Vorstellung und reihe sie hier nur deswegen ein, weil sie von den meisten Auslegern aus der Orestessage erklärt worden ist. Bis jetzt hat meiner Meinung nach keine Erklärung das Richtige getroffen.

II. Der Mythos des Meleagros.

In dem Kampfe, der zwischen den Kureten und Aetolern um das Fell des kalydonischen Ebers entbrannte, tödtete Meleager seinen Oheim, den Bruder seiner Mutter Althäa. Diese darob erzürnt bat die Götter um Bestrafung des ruchlosen Sohnes, und, fügt Homer Il. IX, 571 hinzu, τῆς ἠεροφοῖτις Ἐρινὺς ἔκλυεν ἐξ Ἐρέβεσφιν ἀμείλιχον ἦτορ ἔχουσα. Dagegen dichtete zuerst Phrynichos in seiner Tragoedie Πλευρωνίαι (bei Paus. X, 31, 4), sieben Tage nach des Sohnes Geburt wären der Althäa die Mören erschienen und hätten ihr ein Scheit Holz übergeben: von dessen Bewahrung würde das Wohl und Wehe des neugeborenen Kindes abhängen. Als nun Meleager den Oheim getödtet hatte, warf Althäa „das verhängnissvolle Holz mit grauser Hand" (Ovid. Met. VIII, 479) ins Feuer (vgl. Apollod. I, 8). Die römischen Künstler vereinigten diesen doppelten Bericht und stellten die Althäa dar, wie sie in Gegenwart der Parze und der Furie das Scheit verbrennt[1]).

29. 1. Sarkophagrelief im capitolinischen Museum abg. Mus. Cap. IV, 35. Millin Gal. Myth. 104, 415). Erste Scene

---

[1] Auch die dritte Version der Sage, nach der Apollon den Meleager in der Schlacht tödtete (Paus. X, 31, 3: von den Dichtern der hesiodischen Schule in Umlauf gebracht), findet sich sinnloser Weise mit den beiden oben genannten auf römischen Sarkophagen verbunden; vgl. Mon. dell' Inst. IX, 2, 1. und Heydemann, Arch. Zeitung 1872. S. 2.

(mittlere : Kampf des Meleager mit seinen Oheimen, von denen der eine bereits zu Boden gesunken ist. Hinter einem Felsvorsprung erscheint eine Furie mit halbem Leibe: in der rechten Hand hält sie eine brennende Fackel, mit der linken streckt sie eine mehrfach geringelte Schlange dem Meleager entgegen. Zweite Scene (links: Der sterbende Meleager wird von seinem Vater, seinen Schwestern und der Atalante beweint. — Dritte Scene (rechts: Althäa wirft das Scheit in die Flamme eines Altars, während eine bekleidete Furie mit gebauschtem Peplos sie zu dem schrecklichen Werk mit einer brennenden Fackel anzutreiben scheint. Ihr Kopf ist mit kleinen Flügeln versehen. — Die Parze oder Nemesis auf der l. Seite gehört, wie andere Darstellungen lehren, in diese Scene und ist nur aus Gründen, wie ich sie bei Nr. 1 angeführt habe, an die linke Seite versetzt worden.

30. 2. Sarkophagrelief aus der Villa Borghese, jetzt im Louvre (Clarac Mus. de Sc. T. 201, No. 208), bietet dieselben Scenen, nur ist die Parze mit Althäa und der Furie auf der linken Seite vereinigt. Die Erinys berührt die unnatürliche Mutter mit der Hand, nicht um sie von ihrem Vorhaben zurückzuhalten, sondern um sie vielmehr zur schnelleren Ausführung desselben anzutreiben, gemäss der Natur der Furien. In der dritten Scene rechts wird man die hinter Meleager erscheinende Frau, obwohl sie ohne Attribute ist, nach Analogie des vorigen Reliefs für eine Furie halten müssen. Jedoch trägt sie in der rechten Hand einen Gegenstand, der bis zur Unkenntlichkeit zerstört ist.

31. 3. Nur zwei Scenen umfasst ein römisches Sarkophagrelief in der Villa Albani (Zoëga Bassir. I. 46: den Tod des Meleager mit den Leidtragenden und die Verbrennung des Scheites in Gegenwart der Nemesis, der Parze und einer Furie im gewöhnlichen Costüm.

32. 4. Ebenfalls nur zwei Scenen enthält ein von Zoëga (bei Matz Annali dell' Inst. 1869 S. 95, Zoëga Bassir. I. S. 219 ff.) beschriebenes Sarkophagrelief der Villa Strozzi in Rom. Hier ist die Verbrennungsscene (Althäa, Parze, Furie) mit der Jagd des kalydonischen Ebers verbunden.

33. 5. Die Seitenfläche eines römischen Sarkophags in den Magazinen des Palazzo Barberini zu Rom (abgeb. Mon.

dell' Inst. IX. Tav. 2, 1a. Matz a. a. O. S. 94) zeigt wiederum die Althäa, wie sie das unselige Scheit verbrennt, und eine Furie, welche mit einem kurzen Chiton und mit Jagdstiefeln bekleidet von der linken Seite herbeieilt. Die Fackel in ihrer Rechten ist zum grossen Theile zerstört.

34. 6. Codex Pigh. F. 266. O. Jahn. Ber. der sächs. Ges. 1868 S. 225, No. 217; abg. Beger Meleagrides p. 14: a. Meleager im Kampfe um das Eberfell. b. Althäa zündet das Scheit an im Beisein von *drei* Erinyen. c. Meleager auf dem Lager umgeben von trauernden Angehörigen; Atalante weinend vor einem Baum.

35. 7. Gleichfalls nur in der Zeichnung erhalten (vgl. F. Matz, Ueber eine dem Herzog von Coburg-Gotha gehörige Sammlung alter Handzeichnungen nach Antiken. Sitzungsber. der Berl. Akad. 1871 S. 494) ist ein Sarkophagrelief mit den drei bekannten Scenen: dem Kampfe um das Eberfell, der Verbrennung des Scheites mit Furie und Parze und der Beweinung des Meleager.

III. Oedipus.

36. 1. Am Halse einer unteritalischen Amphora aus Canosa (Heydemann, Neapler Vasencatalog No. 3254. Michaelis, Annali dell' Inst. 1871 S. 166 ff. 186 f. Tav. d'agg. M.) erblickt man den thebanischen Helden, dem die auf einer grossen Blume sitzende Sphinx das berühmte Räthsel vorlegt. Auf der linken Seite Oedipus gegenüber steht eine Erinys auf eine Lanze gestützt mit gekreuzten Beinen im Aermelchiton und mit Jagdstiefeln. Von ihrer Schulter hängt ein Mantel über den Rücken herab; der Chiton ist mit Kreuzbändern über der Brust befestigt; in ihren Haaren ringeln sich ein paar Schlangen.

Hier zuerst auf Kunstwerken begegnet uns die Erinys in der allgemeineren Auffassung ihres Wesens, in einer Erweiterung des ursprünglichen Begriffes, die wir schon bei Aeschylos fanden. Sie ist hier nicht die grause Rachegöttin, die den Frevler verfolgt, bis sie ihn erreicht hat, nicht, wie bei Meleager, der furchtbare Dämon, der die Rechte der Verwandten wahrnimmt und die Mutter zur Rache am eigenen Sohne treibt, um selbst wieder der Strafe der Erinyen anheimzufallen: hier wie auf anderen Darstellungen ist sie die Personification des nahenden Verderbens, das unsichtbar über dem Haupte des Unglücklichen schwebt.

Durch dieses einfache Mittel wird vermöge der wirksamen Gegenüberstellung des Oedipus und der Furie das Interesse am Bilde für den Beschauer bedeutend erhöht, zugleich aber werden in ihm die Gefühle der Furcht und des Mitleids — eine ganze Tragödie mit drei Personen! — rege gemacht[1]).

Nicht ohne Beziehung zu dem coloneischen Oedipus des Sophokles scheint

37. 2. ein unteritalisches Gefäss in der vatikanischen Bibliothek (abg. bei Millingen Peint. de Vases Pl. 23) zu stehen. — Mitten im Bilde sieht man einen Altar, auf dem der hülfeflehende Oedipus von Antigone begleitet sitzt. Von rechts naht König Theseus, der mit vorgestreckter Hand dem unglückseligen Greise Schutz und Hülfe zu versprechen scheint. Denn von links her erscheint Polyneikes, der den Vater zu überreden sucht, ihm nach Theben zu folgen.

Oberhalb des Theseus erscheint — aus Raummangel nur in halber Figur — die Erinys, welche den Oedipus bisher verfolgt hat. Sie ist mit einem reichgestickten Aermelchiton bekleidet und trägt in der linken Hand eine Schlange, in der rechten eine brennende Fackel.

In gleicher Höhe mit der Erinys befinden sich ausserdem Aphrodite, Eros und Peitho, oder wie man diese Göttin nennen mag, natürlich ohne den geringsten Zusammenhang mit der Fabel des Oedipus.

IV. Medea.

38. 1. Auf der Vorderseite einer in Ruvo gefundenen, mit mehreren Bildern geschmückten sog. anfora pugliese (be-

---

[1]) Ich kann, obwohl nicht hierher gehörig, die schöne Zeichnung des Carstens in der goethe'schen Sammlung zu Weimar „Oedipus von den Furien gequält" bei Müller-Riegel Taf. 5 nicht unerwähnt lassen; sie bildet eine schöne Verbindung zwischen dieser und der folgenden Darstellung; in Composition und Formvollendung ist sie der alten Kunst durchaus würdig.

schrieben von Heydemann. Arch. Ztg. 1872 überreicht Jason dem Kolchierkönig das Vliess, welches er mit Hilfe der hinter dem Vater sitzenden Medea erlangt hat. Von dieser fliegt rückwärts blickend ein Eros mit einer Tänie zum Jason. Zugegen sind ausser diesen Figuren zwei Argonauten, von denen der eine neben Medea sich auf einen Stab stützt, der andere neben seinem doppelt siegreichen Führer sitzt. Am Ende dieser Figurenreihe steht rechts die δαπλῆτις 'Ερινύς, welche nach Orph. Argon. 872 Herm. der Medea zusammen mit Aphrodite den verderblichen Pfeil ins Herz sandte, der ihre Liebe zu Jason entzündete. Will man dem Maler diese feine Beziehung nicht unterlegen, so ist die Erinys hier wie auf No. 36 die Andeutung der zukünftigen Verbrechen. Sie ist mit einem geschürzten Aermelchiton bekleidet: der rechte Arm ist in den Mantel gewickelt: in der linken Hand trägt sie eine Fackel, in der rechten ein Schwert in der Scheide. Die rechte Schulter ist mit einem Flügel versehen, den anderen hat der Maler aus Flüchtigkeit weggelassen[1].

39. 2. Sarkophagrelief in Rom („nella stamperia camerale, ove anch' esso fa ufficio di vasca ad una fonte nel cortile" Dilthey Annali 1869 p. 1 ff. abg. Tav. d'Agg. A. B. 2.) schon bekannt aus einer Zeichnung des Codex Pighianus (abg. bei O. Jahn Arch. Ztg. 1866 T. 216, 1. S. 223) mit vier Scenen: a. die Knaben der Medea bringen der Kreusa die vergifteten Brautgeschenke. b. der Tod der Kreusa. c. Medea auf den Mord ihrer Kinder sinnend. Neben ihr steht eine Erinys im langen Chiton ποδήρης in der linken Hand einen Zipfel ihres Mantels, in der rechten eine Fackel haltend, von der nur noch die Flamme am oberen Rande des Sarkophags übrig geblieben

---

[1] Ein von R. Rochette M. J. p. 63 (Mus. Santang. 526) beschriebenes Vasenbild zeigt die vor einem Sessel zusammengesunkene Kreusa, der ihr Vater zu Hülfe eilt. Hinter diesem entflieht eine erschreckte Frau. Auf der anderen Seite enteilen die Söhne der Medea von ihrem Pädagogen begleitet. Ueber dieser Scene sitzt eine geflügelte Frau im gegürteten Chiton. Vgl. dazu O. Jahn Arch. Zeitung 1867. S. 60: „Wie die ähnlichen Figuren auf etruskischen Sarkophagen scheint sie nur im Allgemeinen anzudeuten, dass durch besondere göttliche Schickung eine ungewöhnliche Begebenheit vor sich geht, ohne dass man eine bestimmte Persönlichkeit darin erkennen könnte."

ist. Matz allein (Monatsberichte der B. Akad. 1871 S. 494)
hat diese Ueberreste bemerkt. Jahn (a. a. O. S. 246), Dilthey
(a. a. O. S. 52), Pyl (de Medeae fabula p. 73) sahen in dieser
Frau, natürlich mit Unrecht, eine Begleiterin der Medea oder
die Amme ihrer Kinder. d. Medeas Flucht.

40. 3. Amphora aus Canosa (Neapel No. 3221. O. Jahn,
Arch. Ztg. 1867 T. 224, 1. S. 62. Minervini Bull. Nap. N. S.
II. S. 59 f.) — Medea entflieht auf dem Drachenwagen nach
der Ermordung ihrer Söhne, von denen einer im Wagen, der
andere auf dem Boden liegt. Die Fliehende verfolgt Jason zu
Pferde mit zwei Begleitern. Doch vor dem Wagen erscheint
bereits die Ἐρινὺς τέκνων (Eur. Med. 1306), welche der unmenschlichen Mutter mit der linken Hand eine Fackel, mit
der rechten ein Schwert entgegenstreckt. Sie ist bekleidet mit
einem gegürteten Chiton, der von Kreuzbändern zusammengehalten wird, und mit Jagdstiefeln. Ueber den Rücken wallt
ein Pantherfell herab, das um den Hals der Erinys zusammengeknotet ist. Die Aussenseite desselben ist weiss, die innere
roth. Ihr Haupt war mit einem Strahlenkranze umgeben, von
dem noch drei roth und gelb gemalte Strahlen vorhanden sind.
— Dem Wagen der Medea reitet Selene, die Beschützerin der
Zauberkünste voraus.

V. Der Wahnsinn des Lykurgos.

41. 1. Sarkophagrelief der Villa Borghese (Zoëga Abhandl.
herausg. von Welcker T. I. 1. S. 1 ff. Müller-Wieseler II, 37,
441. Welcker, Alte Denkmäler II. S. 102 [1]). Lykurgos erhebt das Doppelbeil gegen die vor seinen Füssen liegende Ambrosia, welche flehend die rechte Hand gegen ihn ausstreckt.
Eine langbekleidete Erinys mit Kopfflügeln, die zu seiner Linken steht, scheint ihn mit einem Kentron zu berühren, um
seine Raserei noch heftiger anzustacheln. In der linken Hand
trägt sie ein Schwert. Eine zweite Erinys, die ihr Werk be-

---

[1] Auf dem Sarkophag Mattei (abg. Mon. Matt. III, 7, 2) steht
hinter Lykurgos eine geflügelte Furie mit einer Geissel in der R. (in der
Abbildung nicht zu erkennen; doch vgl. Brunn, Bullet. 1860 p. 101).

reits vollbracht hat, eilt auf der rechten Seite des Lykurgos davon, indem sie noch die Fackel, die den Wahnsinn geschürt, gegen ihn schwingt. Auch die Geissel in ihrer Rechten dient dazu, seine Wuth zu vermehren. Sie ist mit Jagdstiefeln und einem kurzen gegürteten Chiton bekleidet. Hinter ihr ein Panther[1] in drohender Haltung, bereit auf den Rasenden loszufahren. Dionysos mit seinem Gefolge — aus einem Silen, einem Satyr, einem Pan und einer Bacchantin bestehend — ist auf der rechten Seite des Sarkophags Zuschauer dieser Scene, während die linke Seite der Darstellung von den drei Schicksalsschwestern eingenommen wird.

42. 2. Amphora aus Ruvo (Neapel No. 3219. Mon. dell' Inst. IV. 16. Roulez Annali 1845 P. 111 ff.' Den rasenden Edonerkönig versucht sein Sohn Dryas oder ein Thraker mit Anstrengung aller Kräfte zurückzuhalten. Denn der Unsinnige schwingt ein Doppelbeil gegen seine Frau, die mit der linken Hand ein Götterbild umfasst, zu dem sie geflohen ist, während sie die rechte flehend gegen den Verfolger ausstreckt. Links von dieser Gruppe tanzen zwei Bacchantinnen, von denen die eine das Tympanon, die andere die Becken zum Tanze schlägt. Auf der anderen Seite vom Götterbilde eilt eine Erinys davon, in hohen Stiefeln, Chiton, Kreuzbändern, reichem Schmuck und Mantel, der shawlartig über den Armen liegt: über der Stirn erheben sich zwei kleine Schlangen. Sie hält in der linken Hand eine Lanze, während sie mit der rechten triumphirend auf den Lykurgos zeigt, als wollte sie den Beschauer darauf hinweisen, wie gut sie ihre Sache, den Frevler mit Wahnsinn zu umstricken, ausgeführt habe. Ganz rechts vom Beschauer sitzen Dionys und Ariadne, vor denen eine Bacchantin das Tympanon schlagend tanzt.

43. 3. Amphora aus Canosa (München No. 853. Millin.

---

[1] Man kann den Panther sehr wohl als im Dienste der Erinys stehend betrachten. Denn die Erinyen haben in der späteren Poesie und Kunst, namentlich im Costüm, mannigfache Berührungspunkte mit den Bacchen. So sehen wir sie mit Pantherfellen bekleidet auf den unter No. 52. 54—57. angeführten Vasen. Nonnus nennt Dion. 46, 277 die Erinys eine „Mänade." Vgl. auch Eur. Or. 411: αὐταί (die Erinyen) δε (den Orestes) βακχεύουσι συγγενεῖ φόνῳ: — Auf No. 49. ist die Erinys von einem Panther begleitet.

Tomb. de Can. T. XIII. Zoëga T. I. 3. ebd. Welcker S. 354 ff. Lykurgos, sein ermordetes Weib im linken Arme haltend, erhebt das Schwert gegen eine Bacchantin, die zu seiner Rechten steht. Hinter ihr sieht man eine Genossin mit Thyrsos und Schelle. Von rechts stürmt auf den Mörder eine geflügelte, mit Jagdstiefeln und einem reich gestickten, gegürteten Chiton bekleidete Erinys ein: mit der ausgestreckten Linken hält sie ihm eine Schlange entgegen, in der gesenkten Rechten führt sie einen Speer. Hinter ihr sitzt Hermes, die Hände auf den Caduceus gestützt.

44. 4. Amphora aus der Basilicata (Neapel No. 3237. Millingen Peint. de V. I. II. Müller-Wieseler II, 38, 442. Zoëga T. II, 4. 5). — Lykurgos hat das linke Knie auf seine zur Erde gesunkene Frau gesetzt und holt mit der rechten Hand, in der er ein Doppelbeil hält, zum Schlage gegen sie aus. Ein Opfer seiner Wuth — Dryas — ist bereits gefallen. In den Armen einer Frau haucht er sein Leben aus. Hinter der zusammengesunkenen Frau hockt ein junger Satyr. Oberhalb desselben schwebt eine geflügelte Erinys [1] mit einem gestickten, bis auf die Füsse reichenden Chiton bekleidet. Mit der Rechten zückt sie eine Lanze gegen Lykurgos, während ihre Linke eine Fackel trägt. Sie ist von einem grossen Strahlenkranze [2] umgeben.

Auf der anderen Seite des Bildes correspondirt ihr eine Bacchantin mit einem Tympanon. die aus Raummangel nur zur Hälfte sichtbar ist.

Die Rückseite des Gefässes — Dionysos von Bacchen und Satyrn umgeben — bildet den Abschluss der vorderen Darstellung.

45. 5. Krater aus Ruvo (Brit. Mus. No. 1434; abg. Mon. dell' Inst. V. 23; Brunn, Annali S. 330 ff.). Die Figuren sind

---

1) Da Sinnesverwirrung, wie wir bereits gesehen, von den Erinyen kommt, so ist kein Grund, für diese Flügelgestalt Benennungen wie Lyssa, Typhlosis u. a. m. vorzuschlagen. Nur Inschriften geben Veranlassung von der allgemeinen Bezeichnung Erinys für derartige Dämonen abzuweichen, wie z. B. „Mania" auf der Assteasvase.

2) Man hat ihn auf die innere Glut der Furie gedeutet. Ich sehe darin nur eine allgemeine Charakteristik der Erinys als eines dämonischen, überirdischen Wesens.

auf zwei Streifen vertheilt. Die Mitte des unteren nimmt der rasende Lykurgos ein. Mit der Rechten hält er sein zu Boden gestürztes Weib bei den Haaren gefasst, mit der Linken schwingt er ein Doppelbeil zum tödtlichen Schlage. Links von ihm wird der Leichnam seines Sohnes von einer Frau und einem Manne hinweggetragen, auf seiner rechten Seite steht ein Jüngling und ein Pädagog. — Im oberen Streifen schwebt eine geflügelte Erinys von einem grossen Strahlenkranze umgeben. Mit der erhobenen Rechten zückt sie eine Lanze gegen den Rasenden, die gesenkte Linke ist von zwei Schlangen umwunden. Ihre Kleidung besteht aus einem langen, mit Sternen besäten und mit Kreuzbändern versehenen Chiton und aus einem Kekryphalos. Links von ihr sitzt Apollon, zu dem sich Hermes im Gespräche wendet. Ihnen entspricht auf der anderen Seite ein sitzender Jüngling, der sich auf eine Lanze stützt (Ares?), und eine Frau (eine Nymphe?), welche mit ihm zu reden scheint.

45ª. 6. „Vaso a colonette" aus Ruvo in der Sammlung Jatta daselbst (beschr. von H. Heydemann Arch. Ztg. 1873, S. 66 ff.). In einem tempelartigen Gebäude steht Lykurgos, mit der Linken den vor ihm auf die Knice gesunkenen Dryas beim Genick fassend, mit der Rechten das Doppelbeil erhebend. Rechts flieht die Frau des Lykurgos entsetzt davon, links (vom Beschauer) steht ein Thraker, das Gesicht von Schmerz überwältigt mit der linken Hand bedeckend. Ueber der rechten Seite der Aedicula erscheint eine bekleidete Frau (Erinys) bis zur Brust, Schlangen in den Händen tragend.

VI. Die Bestrafung des Pentheus.

46. 1. Sarkophagrelief der Galeria Giustiniani (abg. das. II. 104. Millin. Gal. Myth. 53, 235. O. Jahn, Pentheus und die Mänaden T. III. a.) In der Mitte der Scene wird der am Boden liegende Pentheus von seiner Mutter Agave, drei Bakchen und einem Panther zerrissen. Von rechts eilt eine Furie herbei: sie ist mit einem kurzen Gewande, das die Brust freilässt und nur bis an die Kniee reicht, und mit Jagdstiefeln bekleidet. Ein shawlartiges Gewand ist um ihre Arme geschlungen und bauscht sich hinter ihrem Rücken in Folge der stür-

mischen Bewegung zu einem Bogen. In der weggebrochenen Linken trug sie wahrscheinlich eine Fackel. Sie ist hier an ihrer eigentlichen Stelle: unter ihrer Leitung vollzieht sich die göttliche Strafe. Von links her naht ein von Kentauren gezogener Wagen, dessen Insassen nicht mehr vorhanden sind. Rechts sitzt die Quellnymphe Dirke (Eur. Bacch. 519 ff. Nonn. Dion. 44, 256 ff.).

47. 2. Eine fragmentirte Replik desselben Reliefs, auf der noch Theile vom Pentheus, eine Bacchantin und die Furie sichtbar sind, im Parke Chigi in Aricia erwähnt Michaelis Bull. dell' Inst. 1869. 32.[1].

VII. Der Wettkampf des Pelops.

48. 1. Auf einer Vase aus Ruvo (abg. Annali dell' Inst. 1851 T. d'Agg. Q. R. Gargallo-Grimaldi S. 298 ff.) erscheint eine Erinys bei dem Opfer des Pelops. — Auf der linken Seite eines Altars steht Pelops, hinter ihm Aphrodite und Eros als seine göttlichen Beschützer. Ihm gegenüber auf der anderen Seite des Altars steht Hippodamia, begleitet von ihrem Vater, auf dessen Geheiss ein Jüngling einen Widder zum Opfer herbeiträgt. Den Beschluss bildet eine geflügelte Erinys im Jägerchiton; um den linken Arm ist ihr Mantel geschlungen; in der rechten Hand trägt sie ein Schwert, in der linken eine Lanze. Sie steht mit gekreuzten Beinen und betrachtet die Opferhandlung, aus der sich eine lange Kette von Greueln entwickeln soll.

48ª. 2. Am Halse einer grossen Amphora aus Ruvo (Neapel No. 3256; abg. Mon. dell' Inst. II. T. 32. Annali 1836 p. 114 f.) Dem Viergespann des Pelops, auf dem sich neben dem Helden Hippodamia befindet[2], fliegt ein Eros voran. Dagegen stürzt dem Oinomaos, der mit Myrtilos auf seiner Qua-

---

[1] Derselbe zieht auch die Darstellungen auf der Silberplatte im Collegio Romano (Arch. Ztg. 1867. T. 225, 1. O. Jahn S. 73 ff.) in den Kreis des Pentheus. Jedenfalls sind die langbekleideten Frauen daselbst keine Erinyen.

[2] Nicht wie Friederichs Philostrat. Bilder S. 159, 1 glaubt proleptisch als Siegespreis, sondern um den Sinn des Freiers durch ihre Schönheit zu verwirren.

driga folgt, eine Erinys entgegen, in der rechten Hand eine
Fackel schwingend; in der linken führt sie eine Lanze. Sie
ist im gewohnten Jagdcostüm, überdies mit einem Mantel bekleidet. In den Haaren, an Armen und Stiefeln züngeln kleine
Schlangen empor. Hier deutet die Furie auf das dem Oinomaos bevorstehende Verderben.

49. 2. Noch deutlicher wird diese Vorstellung auf einem
Gefäss der Sammlung Santangelo in Neapel (Heydemann No.
697), welches dieselbe Scene im oberen Streifen zeigt. Hier
fällt die (geflügelte) Erinys mit der einen Hand den Pferden
des Oinomaos in die Zügel, während sie in der anderen eine
Lanze trägt. Ihre Kleidung besteht aus einem kurzen Chiton
mit Kreuzbändern und Jagdstiefeln. „Vor ihr läuft — unter
den Rossen des Oinomaos — ein *Panther*."

VIII. Verschiedenes: **Kyknos, Amphiaraos, Gigant, Hippolytos.**

50. 1. Vasenbild der Sammlung Jatta in Ruvo Cat. No.
1088. Welcker Arch. Ztg. 1856 T. 88. S. 177 = Alte Denkm.
V. T. 22. S. 334 ff.) Meiner Ansicht nach hat in der Erklärung dieses Bildes Jatta das Richtige getroffen (vgl. auch
Heydemann Bull. dell' Inst. 1872 p. 222). Dargestellt ist nämlich die Rüstung des Herakles zum Zweikampf mit Kyknos.
Dieser steht in der Mitte des Bildes, bereits vollständig gewaffnet. Hinter ihm wartet sein Zweigespann mit dem Wagenlenker[1] und ein Begleiter mit einer Lanze und einer langen
Trompete im barbarischen Costüm. Auf der anderen Seite
rüstet sich Herakles in Gegenwart der Athene, die ihn zu ermuntern scheint, zu dem bevorstehenden Kampfe. Auf den
Ausgang desselben deutet eine oberhalb des Herakles sitzende
Erinys, die nach dem trotzig dastehenden Kyknos blickt. Sie
trägt einen feingefälteten, gegürteten Chiton, Jagdstiefel und
Schlangen in den Haaren und in den Händen. Zwischen ihr
und Kyknos steht ein bekränzter Jüngling auf einen knorrigen

---

[1] Er hält in der Linken die Zügel der Pferde und nicht einen Gewandzipfel, ein Irrthum, der Welcker zu seiner Deutung auf die Amazonenkönigin veranlasste.

Stab gestützt. Jatta hält ihn für Apollon, in dessen Hain der Kampf stattfand. Ich möchte in dieser Figur lieber den Jolaos, den treuen Genossen des Herakles erkennen.

51. 2. Unteritalische Amphora (in Petersburg No. 406. Abg. Minervini Bull. Napol. N. S. II. p. 113. III. T. 5). Auf einem Viergespann in der Mitte des Bildes steht Amphiaraos und sein Wagenlenker; hinter dem Wagen die beiden Söhne des Helden, vor dem Wagen ein Jüngling, der die Zügel der Pferde hält. In der oberen Reihe des Bildes sitzen Apollon und Athene. Links von der Göttin steht Hermes, „hinter Apollon, dem Beschauer zugewendet, eine Erinys mit grossen, zum Theil gelben und weissen Flügeln. In ihrem langen Haar bemerkt man zwei gelbe Schlangen. Uebrigens trägt sie einen kurzen Chiton, der von einem mit gelben Buckeln versehenen schwarzen Gürtel und mit Kreuzbändern festgehalten wird und mit langen braunen Aermeln versehen ist. Ueber den linken Vorderarm hat sie ein kleines Gewandstück geworfen. In der linken Hand hält sie ein Schwert in einer braunen Scheide, in der rechten eine mit einer weissen Perlenschnur versehene Fackel. Noch weiter nach links steht der Pädagog." Stephani). — Auch hier zeigt die Furie das dem Amphiaraos drohende Verderben an.

52. 3. Aehnlich den oben No. 48*. 49 angefügten Pelopsvasen ist ein unteritalisches Gefäss mit einem Gigantenkampf (Petersburg 429. abg. von Minervini, Mon. ant. da Barone Tav. XXI. — Von links eilt Zeus von Hermes begleitet auf einem Viergespann herbei. In der Rechten hält er den Blitz, in der Linken die Zügel. Ihnen entgegenstürzt auf einem von zwei Panthern gezogenen Wagen ein Gigant mit Helm, Schild und Lanze bewaffnet. Doch schon erscheint die Erinys, welche dem Frevler die verderbendrohende Fackel mit der rechten Hand entgegenstreckt. In ihrer Linken führt sie zwei Lanzen; auf dem linken Arm hängt ein *Pantherfell*. Sie trägt im Uebrigen das gewöhnliche Jagdcostüm der Erinyen.

53. 4. Krater aus Ruvo (Panofka Arch. Ztg. 1846 S. 245: Sammlung des Herrn Temple). „Den Mittelpunkt der Scene bildet Hippolyt mit seinem Viergespann, vor diesem erblickt man eine Furie mit brennender Fackel; unten erhebt sich der von Poseidon gesandte weisse Stier ... Links läuft der Päda-

gog seinem Zögling zu Hülfe. Im oberen Felde Pan und Apoll, Athene, Aphrodite mit Eros und Poseidon."

IX. Die Erinyen in der Unterwelt.

54. 1. Amphora aus Canosa (München No. 849. Millin Tomb. de Can. T. III. Arch. Ztg. 1843 T. 12. Müller-Wieseler I, 56, 275). — In der Mitte des Bildes befindet sich eine Aedicula, in der Pluton und Persephone sitzen. In der oberen Reihe links bemerkt man Megara mit den Söhnen des Herakles, rechts Medea mit Theseus und Peirithoos [1]. In der mittleren Reihe links steht Orpheus zitherspielend zur Persephone gewendet. Die drei Figuren hinter ihm — ein Mann, eine Frau und ein Knabe — entbehren wol des mythischen Characters. Es sind wahrscheinlich Selige aus der unbekannten Menge, die dem Spiele des Orpheus zuhören. Ihnen gegenüber sieht man auf der rechten Seite die drei Todtenrichter im Gespräch begriffen. Die dritte Reihe zeigt den Herakles, wie er unter Hermes Vortritt den Kerberos entführt. Eine Erinys in der gewöhnlichen Tracht mit einem um den linken Arm gewickelten Pantherfell streckt ihm zwei Fackeln entgegen, sei es um dem Bewohner der lichten Oberwelt bei seinem Geschäfte zu leuchten, sei es um ihn von seinem kühnen Unternehmen zurückzuhalten. Doch ist dazu ihr Gebahren zu ruhig und leidenschaftslos. Hinter ihr greift Tantalos vergebens nach den immer entschwindenden Früchten. Ihm entspricht auf der anderen Seite Sisyphos, der den Stein emporzuwälzen sich abmüht. Damit er von diesem Geschäfte nicht ablasse, geisselt ihn eine Furie [2], die ebenso wie ihre Schwester gekleidet ist.

55. 2. Aehnlich ist die Vorstellung auf der Unterweltsvase aus Ruvo (Karlsruhe No. 4. Welcker Mon. dell' Inst. II, 49 = Alte Denkm. Bd. III. Arch. Ztg. 1843. T. 11.). — In der Aedicula befindet sich neben Pluton und Persephone noch

---

[1] Diese Bezeichnung erscheint mir passender als Electra mit Orestes und Pylades.

[2] Vgl. vom Tantalos Verg. Aen. IV, 604: epulae ante ora paratae; Furiarum maxima iuxta accubat et manibus prohibet contingere mensas, exsurgitque facem attollens.

Hekate, im Costüm den Furien verwandt. In der oberen Reihe fehlt Medea, in der mittleren sieht man an Stelle der Seligen des vorigen Bildes zwei Erinyen. Die eine mit grossen Schulterflügeln versehen trägt in der linken Hand eine Schlange, die rechte legt sie auf das Knie der zweiten Furie, die ebenfalls mit einer Schlange bewaffnet auf einem Pantherfelle sitzt, das über eine Erhöhung gebreitet ist. Auf der rechten Seite sind die Richter durch zwei Danaiden und einen fast nackten Jüngling ersetzt, der den Seligen auf der vorigen Vase zu entsprechen scheint. Die den Sisyphos geisselnde Furie fehlt; statt des Tantalos rechts ist eine (dritte) Danaide hinzugefügt. Die dem Herakles leuchtende Erinys trägt in der Linken zwei Speere.

56. 3. Das Gefäss aus Altamura (Neapel No. 3222. Mon. dell' Inst. VIII. T. 9. Köhler, Ann. 1864, P. 283 ff.) ist mit zahlreichen Inschriften versehen. Auf der rechten Seite des oberen Streifens sind Hippodamia, Myrtilos und Pelops (die beiden letzteren inschriftlich bezeichnet) im Gespräch begriffen. Ueber den beiden Furien der mittleren Reihe liest man die Inschrift π OINAI. Die eine sitzt auf dem Pantherfell, die andere trägt es um den Hals geknüpft. Der Kopf des Thieres ist an dem Felle noch sichtbar. Jede von ihnen führt einen Speer als Waffe. Ueber der Furie, die den Sisyphos geisselt, liest man NAN. Ob diese Inschrift zu der Erinys gehört, ist fraglich. Jedenfalls scheint mir die Ergänzung Köhlers (a. a. O. S. 288 zu MANIA nicht passend zu sein, da die Furie hier nicht wahnsinnbringend, sondern als Pöne gedacht ist. Statt der Erinys sehen wir hier beim Herakles eine Frau auf einem Seepferde reitend, in der man eine „Nereide vermuthlich als Andeutung der seligen Inseln" hat erkennen wollen. Sollte es nicht vielmehr Hekate sein, die der Maler sich auf irgend einem phantastischen Thiere reitend dachte? In der mittleren Reihe sind die drei Todtenrichter, in der unteren Reihe drei Danaiden anwesend.

57. 4. Weniger figurenreich ist die Darstellung der Unterwelt auf der bis jetzt unedirten Amphora aus Armento (Museo Santangelo in Neapel, Heydemann No. 709. Panofka Arch. Ztg. 1848 S. 220 No. 13). In dem oberen Streifen — die Figuren sind nur auf zwei Reihen vertheilt — befinden sich wie-

derum Hades, Persephone, Hekate[1] mit einem Panther und Orpheus. Letzterer hat jedoch den Zweck seiner Fahrt nach der Unterwelt bereits erreicht; er führt seine geliebte Eurydike bei der Hand. Hinter Hades sitzen Medea und der gefesselte Peirithoos. — In der Mitte des unteren Streifens führt Herakles von Theseus und Hermes begleitet den Kerberos hinweg. Die Erinys mit der Fackel hält in der Linken zwei Lanzen. Der linke Arm ist mit einem Pantherfell umwickelt. Rechts von der Furie steht eine Danaide.

58. 5. Auf eine noch geringere Zahl von Figuren beschränkt sich eine zweite Amphora aus Armento (Museo Santangelo No. 11. Abg. Arch. Ztg. 1867 T. 221. Kekulé Strenna festosa offerta al Cav. G. Henzen, Roma 1867. T. I. P. 13). — In einer Aedicula sitzt Jakchos im Gespräch mit Persephone. Unterhalb des Gebäudes die Fortführung des Kerberos durch Herakles. Die geflügelte Furie mit der Fackel erhebt den Zeigefinger der rechten Hand: sie scheint den Kerberos begütigen zu wollen. Ueber Herakles sitzt der lorbeerbekränzte Orpheus mit einer Lyra, über der Erinys ein Jüngling, der mit einem ihm gegenüberstehenden spricht, vielleicht Theseus und Peirithoos.

59. 6. Am Bauche eines unteritalischen Gefässes in Petersburg (No. 426. Abg. Minervini Bull. Nap. N. S. III. 3.) bemerkt man im untern Streifen fünf Danaiden bei ihrer endlosen Beschäftigung. Die Mitte der oberen Reihe nimmt der sitzende Pluton ein, vor dem Persephone steht. Die Frau und den Jüngling hinter ihr halte ich, besonders auf Grund der über letzterem befindlichen Leier für Orpheus und Eurydike (Stephani: Lynkeus und Hypermnestra; Adonis und Aphrodite). Hinter Pluton steht Hekate. „Am äussersten Ende sitzt auf einer Erhöhung eine Erinys mit grossen gelben Flügeln, welche ausser hohen und zum Theil gelben Stiefeln einen kurzen mit langen Aermeln versehenen Chiton trägt, der von einem gelben Gürtel und Kreuzbändern festgehalten wird. In der Rechten hält sie ein grösstentheils gelbes Schwert. Um

---

[1] Nach Heydemann eine *Erinys*. Doch scheint dagegen die Analogie der anderen Unterweltsvasen zu streiten.

den linken Vorderarm windet sich eine gelbe Schlange und zwei andere bemerkt man in ihrem Haar." (Stephani).

60. 7. Am Halse einer Amphora aus Ruvo (Petersburg 424. R. Rochette Mon. In. Pl. 46. Arch. Ztg. 1844 T. 13) ist die Strafe des Ixion dargestellt. In der Mitte des Bildes erblicken wir den Frevler an dem beständig sich drehenden Rade. Rechts von demselben steht Aiakos und Iris. „An der anderen Seite des Rades steht, dasselbe mit beiden Händen erfassend, eine Erinys mit dunkelbraunen Fleischtheilen und Flügeln derselben Farbe. Sie trägt einen kurzen von einem gelben Gürtel fest gehaltenen Chiton mit langen Aermeln, eine Chlamys und hohe, zum Theil gelbe Stiefeln. Von derselben Farbe sind die Schlangen in ihrem Haar" (Stephani). Hinter ihr sitzt auf einem Sessel Pluton.

60ᵃ. 8. Die Bestrafung des Ixion ist in ähnlicher Weise auf einer Vase aus Cumae dargestellt (beschrieben Bull. dell' Inst. 1873 p. 3) „in presenza di due donne alate, d'una *Furia* con torcia in mano e di Mercurio e Volcano mandati da Giove per eseguire lo supplizio dell' eroe". Die Vase ist in das Berliner Museum gekommen.

61. 9. Auf einer gleichfalls in Ruvo gefundenen Vase (Museo Jatta No. 1095. Arch. Ztg. 1844 T. 15. Müller-Wieseler II, 68, 862) werden Theseus und Peirithoos in Gegenwart des Pluton und der Persephone von einer geflügelten Furie gefesselt. Der eine von ihnen liegt bereits mit auf den Rücken gebundenen Händen auf dem Boden, mit dem anderen ist die Erinys beschäftigt. Ihre Brust ist völlig entblösst; sie wird nur von Bändern durchkreuzt[1], welche den kurzen Chiton halten. Ausserdem trägt sie Jagdstiefel. Ihr abschreckend hässliches Gesicht ist von struppigen Haaren umrahmt.

Auf diesen neun Vasenbildern erscheinen die Furien nach der Auffassung der späteren Dichter als Dienerinnen des Pluton und Vollstreckerinnen der Höllenstrafen[2].

Hier erwähne ich beiläufig drei Gemälde aus dem vatikanischen Vergilcodex No. 3225, der nach der Ansicht Mais

---

[1] Stat. Theb. I, 110 von einer Furie: caerulei redeunt in pectora nodi.

[2] Fulgent. I, 6: Plutoni ... Furias deservire dicunt.

(Vergilii picturae ant. ex codic. Vat. Rom. 1835, etwa dem vierten Jahrhundert nach Christi angehören mag.

No. 46. Der Eintritt des Aeneas und der cumäischen Sibylle in die Unterwelt Aen. VI, 290 ff. Zuerst tritt ihnen „Allecto" entgegen mit einem blutfarbenen Mantel und einer Fackel in der Linken, in der Rechten führt sie einen Stab. In der Kleidung ist sie den griechischen Erinyen ähnlich. Ihr Haar ist reichlich mit Schlangen versehen.

No. 48. Dem Aeneas begegnet der Schatten des Deiphobos Aen. VI, 494. Im Hintergrund erhebt sich eine Stadt mit einem hohen Thurme und einem Thore, neben welchem die schlangenhaarige „Tisiphone" als Thorwächterin steht.

No. 56. Die den Troern feindselige Hera ruft die „Allecto" aus ihrer Höhle heraus, Aen. VII, 324 ff. Diese erscheint schlangenhaarig mit einer Fackel vor der Göttin. — Natürlich sind diese Bilder, was die Zeichnung anbelangt, von der Grazie der griechischen Vasenbilder weit entfernt. Wahrscheinlich werden den Malern die Furien auf römischen Sarkophagen als Muster gedient haben.

X. Die Erinyen ohne mythologische Beziehungen.

Die Behauptung Böttigers, eine Furie könne vermöge ihrer Bedeutung und ihrer Functionen niemals allein gebildet werden, ist durch spätere Vasenfunde widerlegt worden.

62. 1. Auf einem 15 Cent. hohen Gefässe von eigenthümlicher Technik („Feine Graffirung auf schwarzen Grund mit weisser und rothbrauner Füllung" Neapel No. 2463) eilt eine Erinys „in feingefaltetem Chiton und Mantel, in den vorgestreckten Händen je eine lange weisse Schlange haltend" vorwärts und wendet den Kopf zurück. Die Hautfarbe ist rothbraun. (Am Kopf dieser Schrift in Holzschnitt wiedergegeben).

63. 2. Heydemann, Neapeler Vasensammlung No. 3475: „Auf ihrer Chlamys sitzt eine Erinys in hohen Stiefeln und kurzem Chiton mit Aermeln und Kreuzbändern, die in der Rechten eine Fackel, in der Linken eine Schale hält und zurückblickt; auf ihrem Kopf Andeutung von Schlangen."

64. 3. Eine Art von Eumenidencultus zeigt uns vielleicht

ein Gefäss derselben Sammlung Heydemann No. 3236. „Eine sitzende Erinys, in kurzem Chiton mit Kreuzbändern, in hohen Schuhen und reichem Schmuck, in der Linken eine Fackel mit Querholz, wendet das Gesicht zu einer hinter ihr auf einem Felsstück sitzenden Frau..., welche in der Rechten eine Tänie hebt. Zwischen beiden liegt an der Erde eine Schüssel."
Die *etruskischen* Künstler machten bei ihrer Vorliebe für das Grauenerregende und Wunderbare, einen ausgiebigen Gebrauch von der Furiengestalt. Gleichviel ob passend oder nicht, fügten sie fast jeder mythologischen Scene von Bedeutung einen furienähnlichen Dämon hinzu, so dass sich das eigentliche Wesen der Erinyen und ihre eigenthümliche Thätigkeit allmählich bei ihnen verwischte. Ihr gewöhnliches Costüm besteht aus einer kurzen hoch oben unter der Brust gegürteten Tunika, die von einem doppelten Riemen gehalten wird. Dieser kreuzt sich auf der Brust und ist gewöhnlich von einem kreisrunden Knopfe oder einer Rosette zwischen den Brüsten zusammengehalten. Ihre Füsse sind mit hohen Halbstiefeln aus Thierfell, dessen rauhe Seite oft wie eine Klappe oben am Schaft nach aussen fällt, zuweilen nur mit Sandalen bekleidet. Flügel an Kopf oder Schulter fehlen selten. Nach den Attributen hat Dennis (die Städte und Begräbnissplätze d. a. Etruriens. Deutsche Ausg. II. S. 404) eine Scheidung dieser Dämonen versucht. Hammer, Schwert, Schlange oder Fackel in der Hand derselben deuten auf ein **boshaftes** Fatum; Rolle, Flasche, Dintengefäss mit einem Stylos auf ein **anordnendes** Fatum. Sollte nur ein **Genius** ohne tiefer eingreifende Thätigkeit gedacht werden, so gab man ihm einen einfachen Stab oder man charakterisirte ihn durch die blosse Tracht.

Ein Blick in Brunn's Urne Etrusche Roma 1870 genügt, um zahlreiche Beispiele solcher etruskischen Furien aufzufinden. In Verbindung mit Orestes treffen wir sie auf sechszehn Aschenkisten (Brunn T. 65—83.) Bald sind sie bei der Ermordung des Aegisthos und der Klytämnestra[1] zugegen, bald verfolgen sie den fliehenden Mörder über Länder und Meere. Wenn Klytämnestra den Gatten mordet (T. 84—85), wenn Agamem-

---

[1] Auf einem etruskischen Spiegel mit derselben Darstellung (Gerhard Etr. Sp. II. 235. steht über der Furie der Name ΝΑΘΥΜ.

non die Tochter opfert (T. 35—47), begegnen wir einer oder mehreren Furien. Dem Alexandros, der die Helena raubt, folgt die Erinys zum Schiffe (T. 24. 25). Zwischen den kämpfenden Brüdern, Eteokles und Polyneikes, erscheint sie zum Kampfe anspornend (Millin. Gal. Myth. 10 7,512. Overbeck, Heroengal. V, 13; 15).

Schliesslich fehlt sie bei keinem merkwürdigen Vorgang. Bei der Wiedererkennung des Paris (Brunn T. 7. 9. 15.), im Lager der Griechen, als Telephos sich dorthin begiebt (T. 27. 40. 32—34), beim Tode des Troilos (T. 50—53. 61—63), bei der Ermordung der Freier der Penelope (T. 97).

Man wird bei der Betrachtung dieser Figuren unwillkührlich an die Schilderung der Erinyen bei Seneca erinnert. Ein frostiges, gedankenloses Spiel mit Schreck und Entsetzen, das wie bei dem römischen Dichter die beabsichtigte Wirkung gänzlich verfehlt und den Beschauer eher mit einem entgegengesetzten Gefühl, mit Gleichgültigkeit und Ekel erfüllt.

Aus der Erinys entwickelte sich eine Reihe secundärer Götterbildungen, die theils aus ihrem vielumfassenden Wesen abgeleitet wurden, theils — durch die bildende Kunst — eine äussere Gestaltung erhielten, die von der der Erinyen bestimmt und hergenommen ist[1].

Bereits bei Homer ist die Ate, die πρέσβα Διὸς θυγατήρ, (Il. 19, 91) eine besondere Gottheit. Deshalb dürfen wir jedoch eine Erinys, die uns als Verblendung schickend auf Kunstwerken begegnet, noch nicht als Ate bezeichnen. Denn auch die Erinys verhängt Verblendung und Täuschung über die Menschen (vgl. oben S. 2). Ebensowenig ist uns gestattet, die Erinys, welche auf den Lykurgosvasen und -sarkophagen die Lanze gegen den thrakischen König zückt und ihm verderblichen Wahnsinn einflösst, Lyssa zu nennen. Die Personification der Lyssa[2] findet sich *nur* bei Euripides (Herc. fur. 822 f.).

---

[1] Vgl. Qu. Smyrn. 11, 8: Ἔρις τ' Ἐνυώ . . . ἀργαλέῃσιν Ἐρινύσιν εἰκελαι ἄντην.

[2] Λύσσα ist eigentlich die Tollwuth der Hunde, die man dem Einfluss des Sirius zuschrieb. Dann auf Menschen übertragen, z. B. Xen. Anab. 5, 7, 26: ἔδεισαν μὴ λύττα τις ὥσπερ κυσὶν ἡμῖν ἐμπεπτώκει.

Andere Schriftsteller dachten sich den Wahnsinn als eine Schickung der Erinys. Wir werden also dabei stehen bleiben müssen, allen denjenigen Wesen, die das feststehende Costüm der Erinys tragen, auch diesen Namen beizulegen, wofern nicht eine Inschrift eine andere Benennung erforderlich macht.

Vier bekannte Vasenbilder zeigen uns solche Dämonen, die mit den Erinyen verwandt, wenn nicht direct aus ihrem Wesen entsprungen sind.

1. Auf einem rothfigurigen Krater des Vasenmalers Assteas, in der Nähe von Pästum gefunden (abg. Mon. dell' Inst. VIII. T. 10. Hirzel Annali 1864, S. 323—342) ist der Wahnsinn des Herakles dargestellt. Der Held hat einen seiner Söhne ergriffen, um ihn auf einen flammenden Scheiterhaufen zu schleudern. Megara eilt entsetzt davon auf die geöffnete Thür des Palastes zu. Oberhalb der an diese Thür sich schliessenden Mauer bemerkt man vier fensterartige Nischen, in denen drei [1] Personen mit halbem Leibe sichtbar sind: Alkmene, Jolaos und Mania [2] (MANIA), alle durch Inschriften gesichert. Mania, durchaus menschlich gebildet, ist mit einem reichgestickten Chiton bekleidet; sie hält die Hände auf die Brust gepresst, gleich als empfände sie wie die anderen Anwesenden die Grösse des Unglücks, das sie angerichtet. So ruft auch Lyssa, die bei Euripides Herc. fur. 843 ff. die Rolle der Mania auf unserer Vase übernimmt, der Hera zu:

"Ἥλιον μαρτυρόμεσθα δρῶσ' ἃ δρᾶν οὐ βούλομαι.

2. Auf der berühmten Dareiosvase (Neapel No. 3253; abg. Arch. Ztg. 1857 T. 103. Welcker, Alte Denkm. V. T. 23.) aus Canosa erscheint die Apate [3] (ΑΓΑΤΗ) im Erinyencostüm: in

---

[1] Die vierte dieser Nischen ist durch den Kopf des Herakles ausgefüllt.

[2] Vgl. Friederichs Philostr. Bilder S. 130: „Die Anwesenheit dieser Dämonen macht die von ihnen beherrschten Menschen erst mitleidenswerth." Moschus 4, 13: Herakles, klagt Megara, ὃς τόξοισιν, ἃ οἱ πόρεν αὐτὸς Ἀπόλλων, ᾗ ἑ τινος Κηρῶν ἢ Ἐρινύος αἰνὰ βέλεμνα, παῖδας ἑοὺς κατέπεφνε... μαινόμενος κατὰ οἶκον.

[3] Hesiod. Theog. 224: μετὰ τὴν δ' Ἀπάτην τέκε καὶ φιλότητα νύξ. — Nonn. Dion. 8, 110 ff. besucht Hera die schreckliche Apate, um von ihr einen Gürtel zu erlangen, mit dem sie den Zeus bethöre. Sie heisst hier ὀρεστιὰς δαίμων· ἀμφὶ δὲ οἱ, fährt der Dichter fort, λαγόνεσσι Κυδωνιὰς ἔρεε

Jagdstiefeln, kurzem Chiton mit langen Aermeln, um den Hals ein Thierfell statt eines Mantels geknüpft, im Haar zwei Schlangen, in der Hand zwei brennende Fackeln. Sie ist hier die Personification der Verblendung, von der Asia befallen wurde, als sie beschloss, Hellas mit Krieg zu überziehen.

3. Dagegen entbehrt die Apate (ΑΓΑΤΑ) auf der Tereusvase Neapel No. 3233: abg. Nouv. Annales, Pl. 21) einer characteristischen Tracht. Mit Chiton und Mantel bekleidet, mit Hals- und Armbändern geschmückt, steht sie mit gekreuzten Beinen in ruhiger Haltung da, mit der Hand auf Tereus, das Opfer ihres Waltens, deutend.

4. Weniger der äusseren Gestalt als der Grundidee nach ist mit der Erinys der Oistros verwandt, welcher als Person nirgends von den Dichtern[1] erwähnt wird. Doch scheint er in der Tragödie seine Verwendung gefunden zu haben. Dies sagt ausdrücklich Pollux IV, 142, der ihn neben der Lyssa unter den πρόσωπα ἔσκηνα erwähnt; dies beweist auch das Münchener Vasenbild aus Canosa (No. 810; abg. Arch. Ztg. 1847 T. 3. S. 33 ff. O. Jahn) mit dem Tode der Kreusa. Hier steht ΟΙΣΤΡΟΣ, eine männliche, nur unterwärts bekleidete Figur mit langem, auf den Rücken herabfallendem Haare, in welchem sich über der Stirn zwei Schlangen ringeln, auf dem von zwei Schlangen gezogenen Wagen der Medea, in jeder Hand eine Fackel haltend.

μίτρῃ, τῇ ἐνὶ δαίδαλα πάντα βροτῶν θελκτήρια κεῖται· ἐν μὲν ἐπιπλοκίη πολυμήχανος, ἐν δ' ὑαριστὺς πάρφασις, ἐν δὲ δόλοι πολυειδέες, ἐν δὲ καὶ αὐτὸς σύνδρομος ἡερίοις ἀπατήλιος ὅρκος ἀήταις.

[1] Οἶστρος lat. asilus ist eine Art Biene, welche das Vieh peinigt, z. B. Hom. Od. 10, 300. Columella 9, 14. Metaphorisch von der Wuth des Wahnsinns, welche den Menschen zu schrecklichen Thaten treibt, zuerst bei Sophocles Trach. 1254; vgl. Eur. Hipp. 1300; Herc. fur. 1144; Iphig. T. 1456.

Fünfter Abschnitt.

Schlussbetrachtung.

Aus der Zusammenstellung der Kunstwerke, in denen uns Erinyen erhalten sind, lässt sich zur Genüge erkennen, dass die bildende Kunst in der Auffassung und Gestaltung der Göttinnen gänzlich von der Poesie abhängig war. In wie weit die Dichter ihrerseits sich an den Cultus und die religiösen Vorstellungen des Volkes anschlossen, lässt sich bei der lückenhaften und spärlichen Ueberlieferung über den Cultus der Erinyen nicht mehr entscheiden. Wir haben zwar eine ganze Reihe von Cultusstätten aufzählen können, wir haben auch Notizen über gottesdienstliche Gebräuche zu Ehren der Erinyen gefunden; doch waren diese theils zu allgemeiner Natur, theils zu dunkel, um aus ihnen einen Schluss auf das Wesen der verehrten Gottheiten selbst zu ziehen. Soviel konnte jedoch festgestellt werden, dass der Erinyencultus in der Gestalt, in welcher er uns von den Schriftstellern überliefert ist, einer Zeit angehört, in der bereits die ursprüngliche Vorstellung, die dem Wesen der Erinys zu Grunde lag, verändert worden war. An die Stelle der strafenden Rachegöttin war die versöhnte segenspendende Eumenide getreten. Diese Umwandlung fand in der Orestessage ihre Begründung. Mit Orestes verknüpfte man fast alle Cultusstätten der Erinyen, indem man ihm theils die Stiftung derselben direct zuschrieb, theils sie als seinetwegen geschehen ansah. Ausserdem fanden wir heilige Stätten der Eumeniden mit dem Schicksale des Oedipus in Verbindung gesetzt[1]. Ich habe schon oben darauf hingewiesen, dass die Eumenidenverehrung in Kolonos wahrscheinlich ihren Grund in dem Bestreben der Athener hatte, fremde Sacra, von denen sie sich Heil und Segen versprachen, in den Kreis ihrer heimischen Religionsvorstellungen aufzunehmen. Vielleicht hat

---

1, Als einst in Sparta in der Phyle der Aegiden ein Kindersterben ausbrach, erbauten die Mitglieder des Stammes auf den Bescheid eines Orakels den Erinyen des Laios und des Oedipus ein Heiligthum: Herod. IV, 149. Die Aegiden leiteten nämlich ihr Geschlecht vom Polyneikes, dem Sohne des Oedipus, ab. — Die Glosse beim Hesychios Ἀράντισιν Ἐρινύσι Μακεδόνες giebt Veranlassung, wegen des eigenthümlichen Namens auch an einen Erinyencult bei den Makedoniern zu denken.

die Sage hier ein frommes Hysteronproteron begangen und den heiligen Hain, in welchem bereits die ältesten Götter Attikas, Poseidon und Athene, ihren Sitz hatten, auch den Eumeniden geweiht, um die Expedition des Oedipus nach Kolonos wahrscheinlich zu machen. Jedenfalls deutet die Umwandlung der Erinyen in Eumeniden, unter welchem Namen sie in Kolonos verehrt wurden, bereits auf einen Zeitpunkt, der später als die Stiftung des Erinyenheiligthums auf der Akropolis anzusetzen ist. Auch in Sikyon und Phlya trafen wir einen Eumenidencult, der mit keiner bestimmten Sage in Verbindung stand. In jenem attischen Demos lehrte uns die Vereinigung der Eumeniden mit Göttern der Erde und der Unterwelt die spätere Entstehungsart des Cultus. In Sikyon mag vielleicht bei dem Uebergang der Erinyen in Eumeniden die ursprüngliche Beziehung auf einen mythischen Vorgang — wahrscheinlich auf die Flucht des Orestes — in den Hintergrund getreten sein. Mag man auch behufs einer Erklärung des Ursprungs dieser Culte einen umgekehrten Weg einschlagen und annehmen, dass jene Heroensagen erst nachträglich mit bereits bestehenden Heiligthümern der Erinyen verschmolzen seien, so viel steht fest, dass in den historischen Zeiten Griechenlands die Erinyen keiner Verehrung genossen, die nicht ihren Grund in einer bestimmten Localtradition hatte. Dieser Umstand erklärt sich aus der Natur und dem Wesen dieser Dämonen, wie andererseits ein Specialcultus der Eumeniden auf der nunmehr veränderten Natur der Erinyen beruhte.

Das bekannte Wort des Herodot, Homer und Hesiod hätten den Griechen ihre Götter geschaffen, hat insofern seine Berechtigung, als in den Gedichten des Homer — von Hesiod sehen wir aus naheliegenden Gründen ab — die allgemeinen religiösen Vorstellungen der Griechen gleichwie Sonnenstrahlen in einem Spiegel zusammengefasst und poetisch geklärt sind. Ein Dichter, wenn er auch noch so gross, noch so populär ist, wird nie im Stande sein, ureigene Gebilde seiner Phantasie durch die Macht seiner poetischen Gestaltungskraft zu Volksgöttern zu stempeln. Dass aber Homer die überall zerstreuten religiösen Anschauungen des Volkes zu einem Gesammtbilde der griechischen Religion vereinigte, der Umstand trug nicht wenig zu seiner Popularität bei. Desshalb erschienen seine Gedichte den späteren Griechen als heilige Bücher, aus denen sie nicht nur höchste Begeisterung, sondern auch religiöse Erbauung schöpften. Homer ward ihnen dazu, wozu den modernen Völkern — auf ähnlichem Wege — die Bibel geworden ist. So wurden auch die Vorstellungen von den Erinyen, wie sie Homer bietet, von den folgenden Dichtern als Norm betrachtet, die sie nur weiter auszubilden hatten. Bei der innigen Verschmelzung von Poesie und Religion, die den Griechen in so hohem Grade eigen ist, lassen sich die ursprünglichen Religionsvorstellungen, die man über die Erinyen hatte, nicht mehr von den dichterischen Zuthaten scheiden.

Wir haben im Vorhergehenden versucht, ein Gesammtbild der Erinyen auf Grund der poetischen Tradition herzustellen. Wir haben den einzelnen Culten, die hie und da auf griechischem Boden zerstreut vorhanden waren, nachgespürt und auch in ihnen einen fortschrittlichen Entwicklungsgang erkannt, der andererseits seinen poetischen Ausdruck in dichterischen Erzeugnissen gefunden hat. Aus den Kunstdenkmälern, die wir als mit Erinyendarstellungen geschmückt aufgeführt haben, erhellte deutlich die Popularität, in der die Erinyen standen. Der Grund derselben lag einerseits in einem tiefen psychologischen Zuge der menschlichen Natur, andererseits in dem bedeutenden Einflusse, den die tragische Poesie auf alle Künste, vornehmlich aber auf die Vasenmalerei ausübte. Zeugniss für diese Popularität sind auch zwei Grabinschriften aus späterer Zeit, auf denen wir der Doppelnatur der Erinys, die von den tragischen Dichtern ausgebildet wurde, wiederum begegnen. Auf der einen derselben, die überdies noch dadurch interessant wird, dass sie in der Nähe des athenischen Erinyenheiligthums gefunden ist, übergiebt der Gestorbene „τοῖς καταχθονίοις θεοῖς τοῦτο τὸ ἡρῷον φυλάσσειν Πλούτωνι καὶ Δήμητρι καὶ Περσεφόνῃ καὶ Ἐρινύσι καὶ πᾶσι τοῖς καταχθονίοις θεοῖς"[1]). Aus der zweiten, metrischen Inschrift, die auf Paros gefunden ist, entnehmen wir folgende auf unsern Gegenstand bezügliche Verse: καί με

---

[1] Corp. Inscr. Gr. No. 916. Vgl. Köhler, Hermes Bd. VI. S. 101. Man beachte die Schreibart des Namens Erinys mit einem ν in beiden Inschriften, was die Hermann'sche Beweisführung (vgl. oben Abschn. I, 1) nur bestätigt.

πικρὰ νεαροῖο βρέφους ἀφύλακτος Ἐρινὺς αἱμορύτοιο νόσου τερπνὸν ἔλυσε βίον (Corp. J. Gr. No. 2415), die Todtenklage eines Kindes, das kurz nach der Geburt gestorben ist. Man darf diese Worte nicht so erklären, als erscheine hier die Erinys mit den Functionen der Moera betraut, die den Lebensfaden abschneidet; es gehört vielmehr diese Vorstellung jenem Kreise von Ideen an, denen zufolge man jedes Unglück, für das man keinen ersichtlichen Grund finden konnte, als eine Schickung der Erinys ansah.

Von den nachhomerischen Dichtern war es besonders Aeschylos, der das Erinyenideal fixirte. Er vindicirt ihnen die Gleichberechtigung mit den olympischen Göttern, ja er betont sogar diesen gegenüber das Alter der Erinyen, die zu den Göttern des älteren Geschlechts gehörten. Da er die Erinyen auf die Bühne brachte, war er genöthigt, ihnen ein ihrem Wesen entsprechendes Aeussere zu geben. Er legte besonders die Idee der Jagd zu Grunde und bildete darauf hin rasche Jägernymphen, die den Frevler wie die Hunde das Wild verfolgen. Euripides potenzirte diesen Gedanken und, indem er ihre Schnelligkeit zu bacchantischer Wuth und Raserei sich steigern liess, verschmolz er bacchische Elemente auch mit ihrer äusseren Erscheinung. An ihn schloss sich vornehmlich die bildende Kunst an. Nirgends treffen wir hässliche, abschreckende Gestalten, wie man sie in Folge der schriftlichen Ueberlieferung und zum Theil auch der dichterischen Behandlung wohl erwarten konnte, und somit hat Lessing recht, wenn er sagt, die Griechen hätten nie eine Furie gebildet. Hier offenbarte sich wieder ihr feines Kunstgefühl. Der Dichter durfte sich stark aufgetragener Farben bei seinen Erinyen wohl bedienen; denn das dichterische Wort rauscht bei den Ohren des Hörers vorbei, ohne ein bestimmtes Bild in seinem Geiste zu hinterlassen. Im Nacheinander der Gedanken und poetischen Bilder tritt das frühere hinter dem späteren zurück. Wie anders, wenn die einzelnen Züge des Schreckens und der Gräuel zu einem Gesammtbilde vereinigt werden und sich neben einander dem Blicke präsentiren. Ein redendes Beispiel bieten die Furien auf etruskischen Sarkophagen; sie werden aber an Scheusslichkeit noch von Darstellungen moderner Maler, die sich direct an die grauenhaften Schilderungen der Dichter gehalten zu haben scheinen, bei weitem übertroffen [1]. Auf griechischen Bildwerken trafen wir sogar Erinyen von hoher Schönheit. Schwarz erschienen sie uns nur viermal (Nro. 11. 19. 28. 62.) Ihre Kleidung bestand aus einem kurzen gegürteten Chiton (6. 8. 10. 17. 48—61.), seltner aus einem längeren bis auf die Füsse reichenden (5. 7. 14.), aus Jagdstiefeln und aus einem Peplos, der von ihren Schultern herabflatterte. Zuweilen trat ein Pantherfell an die Stelle desselben (40. 52. 56. 57. Häufig wurden sie geflügelt dargestellt (5. 13. 15. 17. 21. 49. Schlangen ringelten sich in ihren Haaren oder wuchsen aus ihren Schultern hervor oder züngelten aus ihren Händen den Verfolgten entgegen (7. 14. 21. 37. 50.). Als Waffen führten sie Fackeln (9. 10. 38. 40. 44. 48. 51. 53.), Lanzen (26. 36. 42. 48. 49. 52. 55—57.), Schwerter (17. 38. 40. 51.).

Aehnlich ist die Bekleidung der Furien auf römischen Kunstwerken. Neben der kurzen gegürteten Tunica und dem flatternden Pallium, einem Costüm, das meist durch Jagdstiesticfeln vervollständigt wird, findet sich ebenso häufig ein langes bis auf die Füsse reichendes Gewand. Schulterflügel scheinen nicht üblich gewesen zu sein, wohl aber kleine Flügel an den Köpfen wie beim Hermes, Hypnos u. a. Nro. 1. 2. 41.). In den Händen tragen sie Fackeln, Schlangen, zuweilen von ungewöhnlicher Grösse, Geisseln, Doppeläxte und Schwerter. Auf die Wahl und Feststellung dieses Costüms hat ohne Zweifel die Bühne einen entscheidenden Einfluss geübt.

Die späteren Schriftsteller trugen, wie wir gesehen haben, das Ihrige dazu bei, die Vorstellung von den Erinyen zum Gemeingut des Volkes zu machen. Sie umsponnen sie allmählich mit einem so dichten Netze poetischer Fictionen, dass man nur mit Mühe den religiösen Kern dahinter erkennen kann. Unter den verschiedensten Namen begegneten sie uns in der Litteratur.

Der Name Eumeniden bezeichnete einen Culturfortschritt, obwol man sich desselben auch im euphemistischen Sinne be-

---

[1] Man vergleiche zum Beispiel die drei Furien in einem Frescogemälde des Giulio Romano im Palazzo del Tè zu Mantua; ferner auf zwei Bildern des Höllen-Brueghel in der Dresdner Galerie (No. 724. 727). Dagegen halte man die herrlichen Gebilde des Carstens und auch die drei den Orestes verfolgenden Erinyen von Rietschel, ehemals im Giebelfelde des Dresdner Hoftheaters (im Abguss im Rietschelmuseum ebendaselbst).

diente[1], ebenso wie die besonders in Attika heimische Bezeichnung Σεμναί θεαί. Bei den Dichtern heissen sie häufig Κῆρες, Ποιναί[2], Μανίαι (Furiae) und endlich Ἀραί (Aesch. Eum. 409. = Dirae Verg. Aen. 12, 845). Der an letzter Stelle genannte Name mag uns zu den Gedanken hinüberleiten, die wir zum Schluss über den Ursprung und die Bedeutung des Namens der Erinys auszusprechen haben. „Flüche" werden die Erinyen in der Unterwelt genannt. Schon bei Homer lesen wir zuweilen, dass der Beleidigte die Erinyen gegen den Frevler heranflucht. Man dachte sich also das Erscheinen der Erinys als eine Wirkung des Fluchs. Damit ist die Sphäre bezeichnet, in der wir den Ursprung dieser Gottheit zu suchen haben. Sie ist keine Naturgottheit; eine Verwandtschaft oder gar Identität mit der Demeter ist ebenfalls nicht anzunehmen. Wenn ein Beiname der Demeter oder die spätere Verehrung der Eumeniden zugleich mit der Demeter auf ein solches verwandtschaftliches Verhältniss schliessen liess, so haben wir den ersteren aus einer Wanderungssage erklärt, die den eigentlichen Kern weder der Demeter noch der Erinys im geringsten berührt. Der zweite Umstand, die Vereinigung der Culte betreffend, war eine Folge der Umwandlung des Religionsbegriffs, die ebenfalls das Wesen der Erinys nicht weiter afficirte. **Die Erinys ist vielmehr ein Product der schöpferichen Phantasie des Menschen auf Grund eines psychischen Triebes, den man am prägnantesten Wunsch nennen kann.** Der Beleidigte, der in seinen Rechten Gekränkte wünscht die Bestrafung seines Beleidigers. Der im Menschen wohnende Selbsterhaltungstrieb oder, wenn man lieber will, der Egoismus

---

1) Vgl. Eur. Or. 36. Schol. ad Apoll. Rh. 1, 1019: τὰ γὰρ μεγάλα τῶν παθῶν εὐφήμως ἱερὰ καὶ καλά φαμεν, ὡς καὶ τὰς Ἐρινύας Εὐμενίδας. Hellad. Chrestomath. p. 22. τὸ μὴ λέγειν δύσφημα πᾶσι τοῖς παλαιοῖς μὲν φροντὶς ἦν, μάλιστα δὲ τοῖς Ἀθηναίοις· διὸ καὶ τὰς Ἐρινύας ἐκάλουν Εὐμενίδας ἢ Σεμνὰς θεάς. Der allgemein griechische Gedanke des Euphemismus hat ohne Zweifel auf die Veränderung des Namens der Erinyen in Eumeniden gewirkt, jedoch so, dass die Umwandlung des Namens auch durch die Umwandlung des Begriffs gerechtfertigt war.

1) Luc. Nekyom. 9 unterscheidet Erinyen und Pönen, wie es scheint, nicht ohne Ironie. Beim Antipater Sid. (Anth. Pal. VII, 745) rächt die Ἐρινὺς ποινῆτις den Tod des Ibykos.

flösst ihm die feste Ueberzeugung ein, dass, wenn er selbst nicht im Stande ist, die ihm widerfahrene Kränkung zu rächen, ein mit grösserer Macht begabtes, d. h. göttliches Wesen die Rache für ihn übernehmen wird. Das letzte Gefühl des vom tödtlichen Schlage Getroffenen concentrirt sich zum Fluche, der nichts anderes ist als ein potenzirter Wunsch, zum Fluche gegen seinen Mörder, und dieser Fluch, der ursprünglich an eine Gottheit gerichtet ist, wird selbst zur Gottheit und heftet sich an die Fersen des Mörders. Das ist unserer Ansicht nach die Genesis der Erinys. Es bestätigt sich hier an einem einzelnen Beispiele das Wort Feuerbachs: „Die Götter der Menschen sind die Wünsche der Menschen" [1].

Was endlich die Bedeutung des Namens betrifft, so halten wir daran fest, dass ihm der Begriff des Zürnens zu Grunde liegt. Es scheint uns bei der Bildung desselben „die Sprache der Einbildungskraft gefolgt zu sein." „Die Wirkung des Affects, eine bestimmte Anschauung, wie z. B. des hervorbrechenden Zornes und Rachegefühls ist es, die ihnen den Namen giebt" [2].

---

[1] Theogonie S. 273. 288. Das Richtige hat auch Clemens Alex. Protr. II, 26: ἄλλοι (ἄνθρωποι) τὰς ἀμοιβὰς τῆς κακίας ἐπισκοπήσαντες θεοποιοῦσι τὰς ἀντιδόσεις προσκυνοῦντες καὶ τὰς Εὐμενίδας. παλαμναίους τε καὶ προστροπαίους ἔτι δὲ ἀλάστορας ἀναπεπλάκασιν οἱ ἀμφὶ τὴν σκηνὴν ποιηταί und O. Müller Eum. S. 165: „Das Gefühl tiefer Kränkung, schmerzlichen Unwillens, wenn uns zustehende heilige Rechte von Personen, die sie am meisten achten sollten, freventlich verletzt werden," erkannt. Für ganz verkehrt müssen wir die Herleitung der Erinyen aus dem Gewissen des Frevlers (also eine Personification der Gewissensqualen) halten. Schon eine Glosse bei Hesychios Ἐρινύς· τὰς ἁμαρτίας νῦν deutet darauf hin.

[2] Welcker Griech. Götterl. III. S. 77.

Um die Hälfte des Originals verkleinert.

Zusätze.

Zu Seite 26 Anm. vgl. Imhoof in v. Sallets Zeitschrift für Numismatik Heft 2.

Zu Seite 50. 4a. Auf einem röm. Altar aus Jurakalk, gefunden bei den Ausgrabungen für das neue Theater in Köln, sieht man neben drei anderen Darstellungen (Musen?), Perseus und Andromeda, Orpheus und Eurydike, Orestes, Pylades und eine Furie (vgl. v. Lützows Kunstchronik 1872 S. 11). also entweder eine Scene aus der Ermordung der Klytämnestra oder, wie man auch das Wiltheimsche Relief auffassen kann, auf die Flucht des Orestes bezüglich.

Zu Seite 63. Eine dritte Inschrift auf einem Bleitäfelchen aus Attika veröffentlicht Komanudes in der Ἀρχαιολ. Ἐφημερίς 1869. S. 333. No. 405. Sie enthält eine Verwünschung gegen eine gewisse Sosikleia und schliesst mit folgenden Versen:

Δήσω ἐγὼ κείνην ὑπὸ Τάρταρον ἀερόεντα
δεσμοῖς ἀργαλέοις σὺν θ' Ἑκάτῃ χθονίᾳ
καὶ Ἐρινύσιν ἠλιθιώναις.

Zu dem letzteren sonst nicht vorkommenden Epitheton der Erinyen bemerkt Komanudes: φαίνεται δηλοῦν τὴν ποιοῦσαν ἠλιθίους τοὺς ἀνθρώπους.

In gleichem Verlage sind ferner erschienen:

Rosenberg, Adolf. Herr Professor Boetticher als Archäolog. Ein Beitrag zur Geschichte der Berliner Archäologie. 1873. 8.   8 Sgr.

Carnuth, Otto. De Etymologici Magni fontibus. 1873. lex.-8.   16 Sgr.

Cuno, Joh. Gustav. Forschungen im gebiete der alten völkerkunde. Erster teil. Die Skythen. 1871. lex.-8. 3 Thlr. 10 Sgr.

Ellendt, Fridericus. Lexicon Sophocleum. *Editio altera* emendata. Curavit Hermannus *Genthe*. 1872. lex.-8.   8 Thlr. 20 Sgr.

Hehn, Victor. Kulturpflanzen und Hausthiere in ihrem Uebergang aus Asien nach Griechenland und Italien, sowie in das übrige Europa. Historisch linguistische Skizzen. 1870. gr. 8.   3 Thlr.

——— Das Salz. Eine kulturhistorische Studie. 1873. 8.   12 Sgr.

Merguet, Dr. H. Die Entwickelung der lateinischen Formenbildung unter beständiger Berücksichtigung der vergleichenden Sprachforschung dargestellt. 1870. 8. 1 Thlr. 20 Sgr.

——— Die Ableitung der Verbalendungen aus Hilfsverben und die Entstehung der lateinischen e-Declination. Unter Berücksichtigung der gegen des Verfassers „Entwickelung der lateinischen Formenbildung" gemachten Einwendungen nochmals untersucht. 1871. 8.   10 Sgr.

Nitzsch, K. W. Die Römische Annalistik von ihren ersten Anfängen bis auf Valerius Antias. Kritische Untersuchungen zur Geschichte der älteren Republik. 1873. 8.   2 Thlr.

von Wilamowitz-Möllendorff, Ulrich. Zukunftsphilologie! eine erwidrung auf Friedrich Nietzsches „geburt der tragödie." 1872. gr. 8. 10 Sgr.

—— Zukunftsphilologie! Zweites Stück. eine erwidrung auf die rettungsversuche für Friedrich Nietzsches „geburt der tragödie." 1873. gr. 8. 6 Sgr.

Unter der Presse befindet sich:

Genthe, Hermannus. Index commentationum Sophoclearum ab A. MDCCCXXXVI editarum triplex. (Lexici Sophoclei quod Ellendtius composuit supplementum). 1873. 8. 1 Thlr.

ORESTES IN

IN DELPHI.